胡武功／著

藏着的关中
——秦地国风

西北大学出版社

序言/民间关中

中国作家协会副主席　陈忠实

打开中国历史教科书，便打开了关中。便走进关中。便陷入关中。在历史的烟云里走了几千年，仍然走不出关中。

我从蓝田猿人快活过的公王岭顺灞河而下，不过50余公里，便踏入其姊妹河浐水边上的半坡母系氏族聚居村落，大约1个小时就走过了人类进化几十万年漫长的历程。我以素心净怀跪拜在人文始祖黄帝陵前的时候，顿然发现开启一个民族智慧灵光的祖先，仅仅拥有如此少的一抔黄土。面对周人精美绝伦的青铜制品，无法想象一个火炉如何冶炼得出如此复杂深奥的化学命题。作为周、秦、汉、唐等十三个王朝首都的长安不说也罢，单是东府一个小小的骊山，便可当作一部鲜活的历史来反复咀嚼。

火山骊山窒息死灭之后，在山脚留下一汪上好的温泉。这股温泉不经意间浸染了一个民族的历史教科书。戏弄了诸侯，也戏弄了周王朝的骊山上的烽火台，尚未火熄烟散，始皇帝就在山脚下修筑地下宫殿及陶制的禁卫军方阵。短命的秦王朝的惨痛教训，丝毫也不妨碍近在咫尺的温泉里君王和贵妃的人生快活，压根儿不知百余公里外的马嵬坡等待他们演出生死离别的一幕。恰似在这个烽火台下、秦皇陵侧，与残留着贵妃凝脂的汤池窗户斜对的五间厅里，蒋介石带着温泉的余热慌不择路地逃到山坡上，隐伏在北方寒夜冰冷如铁的一个凹坑里。这一夜的这一声枪响便注定了他13年后逃往海上的结局。那个隐藏过他的骊山上石隙里的凹坑，却成为中国现代历史完成转折的一个关键性符号。毛泽东曾经说过："历史的经验值得注意。"以上几位在骊山下、在温泉里演绎过兴亡故事的角色，似乎谁也没有在得意的时候"注意"到前者在同一地点发生过的"历史经验"。今天，当世界各地男女拥到骊山下来游逛的时候，未必一定要去"注意""历史的经验"，却也不至于发出"都是温泉惹的祸"的戏言吧。

一个古老民族的大半部文明史是在关中这块土地上完成的。历史教科书提供的资料，无以数计的遍布地表和地下的历史遗存，无论怎样翔实怎样铁定的确凿，却都不可避免时空的隔膜和岁月的阴冷。即如唐墓壁画的女人如何生动艳丽，即如兵马俑的雕像如何栩栩如生，你总也感觉不到一缕鲜活。当这些主宰着历史的统治者贪恋一池温泉醉生梦死的时候，关中民间的生活秩序和生活形态是怎样一幅图景？教科书和遗存中几乎无存，我只能看到生活演进到上个世纪几十年来关中农村和农民的生活形态。最近十余年来，中国的城市和乡村以前所未有的真实的高速度发展的时候，曾保存着、体现着的原有生活图景、生活习俗、生产方式正在加速消亡。更多的浸淫着思想文化，以及由此透见的关中人心理形态的戏曲、演唱、歌谣、婚丧礼仪等等，都在加剧着变化，加剧着消亡。我在儿时甚至延续到青年时代见过的许多如牛拉的石磨、石碾一类的东西早已停转了，即使今天乡村的孩子也不可理解麦子是怎样经过石磨变成面粉的。

摄影家胡武功先生无疑是最敏感到生活的这种变化的先觉者。几十年来追踪生活骤烈的和细微的种种变化，把新与旧的交替留在了自己的心灵底片上。在基本普及了机械收割和脱粒的关中乡村，《光场》的场面已经稀少难见，而这仅仅在10年前的小麦收割上场之前，还是遍布关中乡村的生产图像。《麦客》里的麦客也正在消失，这个汉子挥舞镰刀的姿态定格为一个历史的雕像。我可以听见杀断麦秆的脆响，可以感觉到镰刀下卷起的风和微尘，犍牛一样韧劲十足的脖颈和刀刻一般的口鼻，比任何舞蹈家苦练的舞姿都优美百倍，比任何雕塑大师的金牌雕像都要震撼我心，一种生活原型的自然美是无法取代，难以复制的。即将出场的《社火》，梳妆完整只待出门的《新娘》，我在看到一缕羞涩掩饰不住的欣喜的同时，似乎能感知到心跳。《皮影》幕后操作的架势，《哭坟》里儿女的痛心裂肺的表征，都使我直接感知到生活真实的进行形态，也一次又一次地感到真实生动的艺术力量的撞击。

以沉重的体力劳动为主的关中乡村生产、生活方式正在加剧变化，带有浓重的地域特质和周秦汉唐文化色彩的民间文化也在悄悄发生变化。从秦代一路犁过来的铁犁终止在小型拖拉机前，被农民挥舞了几千年的长柄镰刀被收割机械代替了，大襟宽裆的衣裤已经被各色流行服装替换，电视把乡村传统的社火、戏曲、木偶、皮影毫不留情地排挤到冷寂的角落，甚至改变着年轻一代的语言习惯。这是一种进步，一种胜利，一种新的文明的生产方式和生活方式。然而，我还是动情于那种替代过程中的差异，一种习惯了的又必须舍弃的依恋，一种交织着痛苦也浸润着温馨的情愫。

敏感而先觉的胡武功朋友，许多年来专心致志于关中乡村的这种生活演变，捕捉到了堪称历史性的告别的生活画面，使我真切地感受到了今天民间关中的生产形态和生活形态，感受到在周秦汉唐的古老土地上生活着的关中人的心理形态，肯定为未来的史学家、民俗学家包括作家、艺术家了解两个世纪交接时代的民间关中，提供了一幅幅最可信赖的原生资料。

我便说，胡武功不仅是敏锐而先觉的摄影家，更是一位富于历史眼光和人文意识的思想者。

卷首语

30多年里，我跑遍关中，照遍关中。

关中，陕西人自豪地称它为八百里秦川。这块土地古时就被誉为"天府之国"，以至于今天，人们还把西安以东称"东府"，把西安以西称"西府"。何谓关中？有两说。其一，因地处函谷关与大震关之间，故名关中。其二，说八百里秦川东有函谷关、西有大散关、南有武关、北有萧关，因此而得名。两说归一，都是因为这一块水丰地腴的渭河冲积平原四面环山，富庶少灾，进可攻、退可守的战略优胜位置。

关中最著名的山脉是秦岭，秦岭横贯中国中部，呈东西走向，长约1600公里，为黄河支流渭河与长江支流嘉陵江、汉江的分水岭，是中国地理上最重要的南北分界线。相传春秋战国时期其属秦国领地，也是秦国最高的山脉，遂命名为秦岭。秦岭被尊为华夏文明的龙脉。

独特的气候与地理条件，使秦岭荟萃了世界上许多珍贵的野生动植物，被科学家誉为天然的动植物园。其中，最有名气的是号称"地球先民"的大熊猫，以及被誉为"东方宝石"的朱鹮。1981年，在陕西洋县仅发现残存的7只朱鹮。经过人们30余年的精心保护，现在朱鹮总数已超过2000只。当然，凶猛的羚牛和活泼机灵的金丝猴也是秦岭的原住民，还有地球上绝无仅有的、植物分类学上不可缺少的独叶草,以及无数名贵的中药材。

自从人文初祖炎黄二帝起,历经周、秦、汉、隋、唐,帝王将相、英雄豪杰、才子佳人在关中这块宽广的历史舞台上粉墨登场,上演了一出又一出世间悲喜剧,成为至今被引为骄傲的华夏文明史。

在渭河两岸厚厚的黄土原中,埋葬着周、秦、汉、唐时代的帝王及其爱妃、宠臣的尸骨,形成蔚为壮观的古代帝陵群。随着考古事业的发展,人们一边百般诅咒历代集权者的贪婪腐恶、荒淫无度,一边赞叹西周车马遗址、秦兵马俑坑、汉代石雕和唐墓壁画那无比灿烂的古代文化,尽管这些都已成为华夏民族远去的辉煌。

/ 目 录

渭河 / 1
秦岭 / 32
帝陵 / 82
宗教 / 138
后记 / 189

渭　河

　　渭河是黄河最大的支流，关中是渭河的冲积平原。渭河流经西安附近时容纳了泾、灞、浐、沣、滈、涝、潏七水，因此，历史上号称"八水绕长安"。八水似乎就是华夏文明的源头。传说远古时代，女娲在这里补天并缔造了人类。考古发现，一百多万年以前蓝田猿人就生活在灞水之滨。六七千年前，半坡人在浐河岸边开始了新生活，留下闪烁着智慧人光芒的新石器、新住居、新文化。而我们现在能看到的最早的记载炎帝、黄帝的文字史料是《国语·晋语》。书中说："昔少典娶于有蟜氏，生黄帝、炎帝。黄帝以姬水成，炎帝以姜水成。"根据史学家考证，姬水和姜水都在渭河流域。姜水在宝鸡，姬水则是关中中部的漆水河，两河都是渭河的支流。渭河成全了两位部落首领，后来两部落展开阪泉之战，黄帝打胜，实现了人文初祖的宏图大略，两部落也逐渐融合为华夏大家庭。（华夏族到汉朝称汉人，到唐朝称唐人，今天我们中华民族统称为中华儿女。）后来西周人得势，在滈水两岸建都，发布周礼以治天下。再后来斗转星移，秦始皇创建中央集权政治制度和多民族大一统国家模式，到汉时又以"尊儒"为旗帜，"霸王道杂之"，成为后世统治的永则范式。而占全国人口90%以上的汉人及其汉字、汉文化等也都因大汉帝国而得其名。秦阿房宫、汉未央宫都建在渭河边上，秦汉两朝并修渭河大桥，把咸阳与长安紧密地联系起来……

关中人把高而平的地称作"原"，即塬。由于地壳运动，"八水"冲积，西安附近形成大大小小、许许多多的原。当我们走到渭河与灞河之间的龙首原时，可看见昔日汉王朝的城郭；当我们来到灞河与浐河之间的白鹿原时，可想起项羽驻军灞上摆起鸿门宴的英雄气概；当我们登上浐河与潏河之间的乐游原时，会情不自禁地吟诵唐代诗人李商隐"夕阳无限好，只是近黄昏"的千古绝唱。当然，还有相传出产过6斤重谷穗的神禾原，西汉名将周亚夫驻军的细柳原和出土过世上最早的纸张实物标本的铜人原。总之，在渭河冲积成的关中平原的每一寸土地上，我们都能体会到浓郁的民族历史文化的气息。

我出生在灞水之首，成长在浐河之滨，少年时代的情景常常因见到这些河水而回流在眼前。那是一个灿烂的黄昏，在浐河边一片林木丛生的坡地上，有一群披头散发、腰裹麻片的男女，手握石器砍树拓荒。背面的山涧，有人手执树杈与石块，围猎一只野山羊。而在弯曲的河边，一名少女双膝下跪正在汲水，用的是一只尖底陶瓶，上面印有鱼纹人面图案。这不是我的幻觉，这是当年新建的半坡博物馆中的一幅油画。我的第一节历史课就是在这个博物馆上的,这幅画给我留下太深的印象。从此,我喜欢约小伙伴在河边玩耍。在这昔日的皇家京畿的草丛石滩上,随手可捡得已成碎块的瓦当。我与伙伴常常用瓦当打水漂,看谁的瓦当在水上漂的次数多、抛得远。即便是在闹大饥荒的20世纪60年代初,我仍然喜欢去河滩抓青蛙、偷红薯。我学着半坡人的样子,头戴柳条圈,穿着补丁短裤,光着上身和脚丫,用自制的小铁叉偷猎在水边喘气的青蛙。夕阳西下,趁农民收工回家,钻进他们的红薯地,偷挖长胖起来的薯茎。然后点起篝火,烧烤我们的猎物。那时我不愿上学,坐在教室里实在挨不住饥饿的折磨。逃学来到河边,虽然更饥饿,但总会有一顿自制的晚餐,可以缓解一下咕咕饥肠的鸣叫。我还喜欢农民在田间搭盖的茅草棚,当地人叫它"庵子",它的外形非常像半坡人那半窖穴式的房子。我常常与伙伴趁无人时钻进去玩耍,那感觉仿佛走进了原始人的居室。

  我对渭河系统而理性的认识,始于1992年拍摄《八百里秦川》专题时。那时,我们"陕西摄影群体"中的六七位摄影家,花了1个多月的时间,沿着渭河用照相机记录了两岸的人文地理、习俗风情。后来,我又一次从渭河源头的鸟鼠山出发,对渭河做了更加详细的考察。当我把自己热烈的情感投入到渭河考察后,深切感到这条既是母亲河又是历史名河的丰腴和贫瘠、古老和沧桑。

渭河有200多万年的历史，发源于甘肃省渭源县鸟鼠山的品字泉，流经甘肃、陕西两省，全长800多公里。秦陇人称之为禹河，据说与大禹治水有关。鸟鼠山名气很大，被中国许多史书频频提及，它与中华民族有着不解之缘。当然在关中还有一条河，叫泾河。泾河与渭河流量都很大。泾河流经黄土高原，带有大量泥沙，古时十分混浊；渭河由于上游植被较好，河水相对清亮，所以就有了"泾渭分明"的成语。人类自古以来即择水而居，水是生命之源、财富之源、文明之源。正因如此，渭河平原才成为中华民族实现国家统一的奠基地，以至周、秦、汉、唐等10多个王朝在这里建都长达千年之久，从而确立了中国"四大文明古国"的世界地位。

关中人很早就懂得利用渭水兴利。据史书记载，早在周时，秦昭襄王就在凤翔修建了白起渠水利工程，以灌溉农田。而秦王嬴政则花了10多年时间兴建了郑国渠，"于是关中为沃野，无凶年，秦以富强，卒并诸侯"。到了汉武帝时，又修筑了成国渠，从今眉县引渭水向东流，灌溉眉县、扶风、武功、兴平一带农田。三国曹魏时，卫臻重修成国渠，西伸百里引千水，东延百里至泾渭交汇处，灌溉面积达到两万多顷。隋朝时，隋文帝诏令修建了龙首渠、永安渠、清明渠以供水长安城。到了20世纪30年代，水利专家李仪祉又修建了渭惠渠、泾惠渠等著名饮水灌溉工程。尤其是20世纪70年代初，现代关中人修建的宝鸡峡引渭工程，为改变关中西部及渭北高原长期缺水的状况起了重大作用。渭河哺育了关中人，关中人也不断改造着渭河。关中人热爱渭河，赞美渭河，敬畏渭河。他们把对渭河的感情留在诗歌中，留在逢年过节祭祀河神的活动中。

当然，渭河也给关中人带来数不清的灾难。渭河流经黄土高原，夹带了大量泥沙。遇到暴雨，河水猛涨，房屋和田地多被冲毁。仅唐以来有史可考的大水患，就有5次之多。

水利与水害构成渭河的历史，磨炼了关中人的体魄，养育了关中人的心智。但，这是一条自然的河。

10年以后，当我有机会再次考察渭河时，那条原始的自然的渭河早已离我们远去了。2001年的渭河行是很仓促的，5天跑完了800多公里，自然不能深入细致地采访它。尽管是蜻蜓点水，尽管许多地方并未点到，但这条我本已熟悉的母亲河，还是改变了我以前许多的记忆，留下了许多新的沉重而深刻的印象，就是断流、污染、大开挖。

在鸟鼠山，10年前的品字泉，如今只剩下一个口子了。水少而贵，以至于被视为神水严加看护，不准饮用。幸亏渭水源头还有另一条支流叫清源河，成了渭源县人民的救命水。清源河发源于鸟鼠山南面的豁豁山，比禹河源远流长。早在1938年，燕京大学教授、我国著名历史学家顾颉刚先生率学生考察渭河后，就对禹河为源头提出过质疑，认为禹河徒有虚名。豁豁山虽然没有鸟鼠山名气大，但地处深山僻壤，人烟稀少，植被少受破坏，上游大面积原始森林为渭河注入不断的源头活水，哺育着两岸的子民。

从渭源县出发，翻武山进甘谷，入天水走宝鸡，过西安下渭南到潼关，一路风尘。我见到渭河有许多支流，但都没有水，尤其是上游的支流全变成了白花花的石头河。至宝鸡峡，渭河好不容易收拢了不知从哪里渗出的股股细流，但大都通过宝鸡峡被引入渭北高原。中游以下地区所见到的渭水，早已不是原本意义上的"禹河"水了。

渭河流经秦陇山地，河床中堆满因修建宝天铁路复线而从山洞中吐出的大量碎石。有些河段两岸已被压缩到10多米宽。为修建隧道，挖沙机把河床掘得千疮百孔，使天然河床变成惨不忍睹的"乱杂坟"。渭河正经受着大开挖的考验。

虽然渭河中上游在一年的大部分时间中处于断流状态，但千河、漆水河、沣河等支流却送来大量散发着臭怪气味、浮着白沫的黑水、黄水，污了河床，死了鱼儿，脏了水源。长期干涸的渭河滩，常常成了垃圾场。在咸阳渭城区的渭河滩上，到处是各种建筑垃圾、医疗垃圾和生活垃圾，多达150万立方米，占河道面积600余亩。这些垃圾不但严重影响渭河行洪，而且污染了地下水，加上不期而至的水患，给下游带来无力抵抗的灾难。难怪下游的人们发出仇恨的吼声："狗日的渭河！"

其实，应把这诅咒视为人类的自骂，一切祸源在于人类自身。上游人砍柴放牧、毁林开荒，对渭河是一种生存性破坏；而中下游开山取石、占地排污，则是一种发展性破坏。难道人一定要胜天？就不能与天和睦相处吗？难道人只能索取于自然而不能培育自然吗？爱护我们的地球与河流，就是爱护我们自己的生命啊！

转眼又一个10年过去了，随着经济发展、社会进步，人们的环保意识逐渐增强，渭河的整治被提上议事日程，并且很快付诸实践，取得显著成果。如今，无论散步在宝鸡的渭河之滨，还是徜徉在咸阳的渭水两岸，都可欣赏到清澈的流水、婀娜的垂柳、翠绿的草坪。

渭河在潼关汇入波澜壮阔的黄河后,急转向东流去。相比黄河,渭河变成涓涓细流,它悄然无声却坚韧执着地走向自己的归宿。站在高耸的潼关南原,我两次俯瞰渭河与黄河,虽然都是晴天,但它们却笼罩在蒙蒙烟雾中,不肯显露自己的整体面貌,给人留下无限遐想。

渭河是黄河最大的支流,在200多万年漫长的岁月中哺育了令人瞩目的古代文明。

品字泉被视为神水,平时严加看管,不许饮用(甘肃省渭源县)2001年摄

渭河上游的灞陵桥始建于明代，清代重修；现桥为1932年国民政府修建，桥内有蒋介石、孙科、于右任等人题字（甘肃省渭源县）2001年摄

渭河上游常常干涸得只留下一条河床（甘肃省渭源县）2001年摄

① 跨越渭河的陇海铁路（宝鸡县）2010 年摄

② 渭河上的吊桥（宝鸡县）2001 年摄

③ 农民在渭河挖沙（宝鸡县）1992 年摄

① 宝鸡峡倒洪工程（扶风县）2009年摄

② 充满生机的渭河平原（凤翔县）1988年摄

黑水河畔的老子讲经地——楼观台（周至县）1990年摄

农民徒步涉水过渭河(周至县)1980年摄

渭河上的便桥一般只能在冬春时使用，夏秋时会被大水冲掉（武功县）1992年摄

20世纪70年代中期,渭河上还可以行驶大木船(兴平市)1974年摄

① 潏河边捉蟹的少年（长安县）1975年摄

② 渭河边的鱼塘（户县）1975年摄

① 在仿造的泥屋草庵体验新石器时代半坡人的原始生活（西安市）1996年摄

② 渭河支流沣河（户县）2010年摄

③ 沣河边的养鸭场（户县）2010年摄

在沣河边钓鱼（户县）2010年摄

渭河湿地(咸阳市)2008 年摄

① 童年在浐河边度过（西安市）1982 年摄

② 在灞河中学游泳（西安市）1982 年摄

③ 潏河岸边（长安县）1975 年摄

在华清池洗脚的青年（临潼区）2009 年摄

在灞河上洗衣（蓝田县）1992年摄

① 周至沙河水街门脸（周至县）2014 年摄

② 周至水街小景（周至县）2014 年摄

秦 岭

关中是秦地，因此这里被称为秦川，这里的人叫秦人，这里的山叫秦岭。秦岭横贯关中东西，与南北走向的黄河形成坐标形，确立了关中在中华版图上的位置。秦岭西起甘肃南部，经陕西中部到河南西部，呈东西走向，长约1600公里。秦岭是中国一座古老的名山，因它的阻隔，形成黄河、长江两大水系，形成南北气候的巨大屏障，形成中国的南方和北方。南方和北方是个笼统的概念，其中包含着气候、地理、人文的显著差异。早在先秦时期，关中人就开始了冲破秦岭阻隔、探索南北交流的壮举。在绵延数百里的秦岭腹地，留下了100多条贯通南北的栈道，而汉代的石门则成为地球史上第一个人工隧洞。沿着古代的褒斜道，20世纪50年代，一条钢铁大道贯穿秦岭，使天堑变成真正的通途。那卧在崇山峻岭间的"S"形宝成铁路，又一次被载入人类发展的史册。

秦岭是我国内地海拔最高的名山，加上南北不同气候的影响，形成独特的自然环境，荟萃了世界上许多珍贵的野生动植物，被誉为天然的动植物园。其中最有名气的是号称"地球先民"的金丝猴、大熊猫，和被誉为"东方宝石"的朱鹮和凶猛的羚牛，还有地球上绝无仅有的、植物分类学上不可缺少的独叶草，以及无数名贵的中药材。

秦岭孕育了闻名遐迩的华山和太白山，吸引了无数向往者攀登光临，留下千古绝句和格言、璀璨思想和精神。

华山，海拔 2154 米，是一块整体花岗岩，上分五峰，恰似一朵绽开的莲花。《水经注》说它"远而望之似花状"，因名华山。华山以"奇拔俊秀"冠天下，因此产生了许多瑰丽的神奇故事。远古时，巨灵仙脚蹬首阳、手推华山，为黄河开道，被推开的东峰留下巨灵仙掌的印痕。神话中，沉香劈山救母，使西峰陡如刀削，成为华山的标志性山峰。先秦时，吹箫引凤，萧史与弄玉逃婚隐居莲花心，使中峰成为男女追求纯真爱情的圣地。传说宋初，赵匡胤输掉华山，却换来五代十国的统一，使老百姓在连年战祸后得以休养生息。离我们最近的那件发生在 20 世纪 50 年代初人民解放军智取华山的故事，至今广为流传。

站在平原上观赏华山的最佳位置是华岳庙，那是古人为我们选择好的视点。华岳庙位于华阴县东北 1 公里处，是唐时修建的皇家寺庙。华兵庙规模宏大的宫殿式建筑群，与临潼骊山的华清池、长安城中的大明宫遥相呼应。

1971 年，我第一次在华阴县采访时，曾来到华岳庙。那时，寺庙破旧不堪，所幸因驻扎军队而未在"破四旧"时被焚烧毁坏。庙内建筑有的改作兵营，有的改作仓库，整个庙院内被各种矮墙分割成若干隶属不同单位的领地，一派萧条冷落的景致。只有千年古柏枝叶茂密，显出一点儿生气。华岳庙的大门朝南，正对华山。庭院中有一座崩塌的残碑底座，托着半截已不成形的石碑。原碑高10米，宽4米，厚1.6米，是李世民手书的华岳碑，相传为天下第一巨碑。

巨碑是被农民起义军领袖黄巢毁掉的，他采取的办法是汉代人为修栈道、打隧洞而发明的"火烧水激法"。现存的残座上留有武士、仕女图案，周围散落的残碑石块上隐约可见李世民的手书真迹。

我们看到，欧洲的古代建筑至今保留着较完整的大形，而中国的古代建筑绝大部分早已化为乌有。究其原因，除了所选用的建材质地不同（石材耐久，土木易损）外，另一个重要原因就是造反者的仇恨心理、狭隘目光及避邪躲灾等封建意识。所谓推动中国社会发展的农民起义，实际上是中国封建社会反复轮回的润滑剂，它们带给古代建筑和传统文化的，只能是像阿房宫三月有余的大火，以及唐殿宋城的彻底倾覆。

华山是中国的五岳之一，是著名的奇险之山。20世纪70年代，我曾有过一月四登华山的纪录，那是为了拍摄华山的日出、云海和雾凇。当时"文革"刚结束不久,山上没有旅游设施,不能久留守候。后来,与华山气象站混熟了,他们为我提供食宿方便,使我少跑许多冤枉路。那个时代的摄影观是"三突出",即突出正面人物、突出英雄人物、突出主要英雄人物。风光摄影也是这样。华山是传统的名山,当然要被当作"英雄"加以突出和张扬。记得有位摄影家为达到突出的目的,曾砍掉南峰上高挺劲拔的双子松之一,使之成为不影响拍照的孤松。以后这棵松连同陡峭的西峰成为华山的标志。还有位摄影家从北峰砍下桃树,插在高达2200米的南峰做前景,美化自己的作品。起初,我上华山也是为拍摄名山大川的,谁知一头扎进华山气象站,与人打起交道来。我首先报道了长年坚守山顶,过着道士般日子的气象工作者。我的《华山气象站》等摄影作品,从1976年至1978年连续三年入选全国摄影艺术展览。

　　常言道:华山自古一条路。其实,上了华山才会知道,华山本没有路,无论是千尺幢、百尺峡、擦耳崖,还是天梯、苍龙岭、鹞子翻身,都是人工开凿的,大自然只不过为人提供了一个可凿路的前提条件。陕西作家方英文曾为华山题字"路在高处"。使我悟出,路也是分层次的,比起平地的路,华山的路不知高出了多少个层次。

20世纪70年代，登华山的那条唯一的小道是敞开的、免费的。换句话说，华山是无人管理的。山上除了西峰设立气象站外，其余各峰建筑因种种原因大都损坏倒塌。尤其北峰最为明显，立在峭壁上的庙墙像一座残碑向人们昭示着久远的故事。"文革"中被迫还俗的道士，三三两两陆续回山，寻找和搭建自己的食宿地。进入20世纪80年代，旅游业初兴，进山的门票仅2角钱。直到90年代，山上山下才大兴土木，兴建楼台馆所，增添服务设施，架起上山缆车。2013年，另一条上山缆车从华山西边的瓮峪直攀西峰，颇为险峻。一时间，华山成为旅游热点，逢年过节更是人满为患，进山门票猛涨至百元。由于人满为患，10多年来，挤伤、死人事件多次发生，华山还出现严重的环境污染。好在这种现象持续的时间不长，有关部门加强管理，人们也有了安全意识和环保意识，许多志愿者主动上山清除污染物，保护了华山的自然风貌。

太白山是秦岭的主峰，海拔3767米。唐代大诗人李白形容它"举手可近月，前行若无山"。此后，杜甫、白居易、苏轼、于右任等许多历史上的文人墨客登临绝顶，引吭高歌。尤其是当代文化人周至县县志的主编王安全，为太白山出版了专著。一时间，太白山又成为备受中外探险家和旅游家青睐之地。

我首次上太白山是1977年8月。因受陕西省林业厅委托拍摄与编辑林业画册，我和林业厅同行们一起，背着沉重的摄影器材，从眉县汤峪步行上山。记得那时"文革"刚刚结束，大家生活还十分清贫，西安市民缺油少肉，每人每月40%的粗粮。从西安出发前，我经过申请、开证明，从粮店领了30斤粮票，准备出差时花费。谁知上山以后，整日钻在茂密的丛林中，杳无人烟，哪里有村落和食店！有一天，我走得又渴又饿，浑身上下被汗水浸透，双腿像灌入铅粉，实在挪不动了。突然，我发现前方密林中隐藏着一座小庙，走近一看，令人喜出望外。只见那供桌上放着两个干裂了口子的馒头，供奉的神像却早无踪影，神座上只搭了一片红布。我想，反正神仙不知何处去了，而且救人一命，胜造七级浮屠，于是就悄悄拿了一个干馒头，躲在庙后的小溪旁就着泉水啃起来。虽然馒头已有浓烈的霉味，可饿极了的我仍觉得十分香甜。吃罢，从不迷信的我回到庙内，对着那片红布作揖，心说："请大仙原谅本人不敬，吃了供果。"

太白山气候呈垂直变化，山下还是盛夏，山上却已经白雪皑皑。"太白积雪六月天"，自古以来被称作关中八景之一。从山麓到山巅，可明显看到变化的自然景观。森林植被被划分为侧柏林带、松栎混交林带、桦木林带、冷杉林带、落叶松林带和高山灌木林带6种不同景观。从山下到山上，一两天内便可阅尽春、夏、秋、冬四季景致。

大概由于气候变暖的缘故，我在太白山顶的拔仙台并没有见到积雪。拔仙台四周全是白花花的碎石，没有一丝草木。那座祭仙用的木板结构的寺庙，经过长期的风雨剥蚀，也变成灰白色。雨雾蒙蒙中，一位年纪四十开外的道士从木板房中走出来，招呼我们进庙。听口音，道士像岐山一带人。庙内烟气弥漫，光线很暗，一口黑锅从梁上吊下来，火苗在锅下跳蹿。我发现柴火竟是从木板房的地板上拆下来的。在山上烧水，80摄氏度就开了，面条煮不熟，只好打面糊糊吃。我问道士："上山的人多不多？"道士说："平时没有人上山，赶上有庙会时，才有信徒和求神祛病者上来。"我又问："山路旁为什么丢弃了那么多衣服裤子？"道士说："按神的旨意，那样做可使疾病脱身。"

下山时，我们选择了太白山南坡的小路。当走到周至县厚畛子境内时，突然眼前树冠倾斜，似狂风大作，随着阵阵尖厉的鸣叫，一片彩云飘忽而来。原来是一群身闪金光的猴子飞掠于树冠枝杈间，足有200多只。"快看，是金丝猴!"一听人声,胆小的猴子们凭着自身的灵巧和树枝的弹性飞跳逃窜,瞬时无影无踪。金丝猴群过后,无数枝叶伴随着猴粪猴尿从天而降,撒了我们一身。

这一年的冬天,为拍摄大熊猫,我和林业厅的武士堂在雍严格带领下,来到秦岭深处佛坪县的三官庙。农民出身的雍严格,如今是全国著名的大熊猫专家,2004年中央电视台为他制作了两集专题片。30年后再见他时,我们谈论最多的还是当年追寻大熊猫的情景。记得那年冬天,三官庙的雪下得很大,在布满积雪的森林中,我们接连寻找了3天。就在十分失望的情况下,第四天上午10时左右,我们发现了熊猫的粪便和被风雪弄模糊了的脚印。这使我们非常振奋,下决心沿着脚印追拍这只国宝。大约12时左右,我们发现脚印越来越清晰。突然,走在前边的雍严格,在离我10米远的地方指着一堆形若松子的东西大声喊道:"快看,这是新粪便。"我赶上前去,用拐棍敲了一下,那粪团竟然散开了。老武也赶过来,弯腰用手指摸了一下说:"没冻,还有余温。"顿时大家精神大振,向前追去。翻下一道山梁,雍严格又发现一堆粪便,竟然还冒着几丝热气。本来万分激动的他,用手上下摆了几摆,示意我们不要出声。就在这时,随着沙沙的响声,一只憨态可掬、黑白相间的大熊猫，远远地从夹杂着干黄枝叶的枯林中钻了出来。我顾不得老武劝阻，踏着积雪疯也似的向熊猫滑去。熊猫听到声响，警觉而快速地向山下的林中窜动，我们紧追不舍。别看熊猫平时显得十分笨拙，钻灌木林却很神速。追得我们浑身出汗，满头直冒热气，却怎么也近它不得。那时，我使用的是120型双镜头反光相机，没有长焦镜头，总想靠近了再按快门。谁知一条河沟挡住了我们的去路，眼睁睁看着熊猫一摆一摆进了对面的丛林中。这次拍照虽然不成功，但《文汇报》还是于当年12月28日发表了我的报道。

1992年7月，我又一次随周至县考察团上太白山，不但拍了大量照片，而且还摄制了一部名为《推开闺扉人共识》的电视片。我的几篇考察日记和部分照片，也被周至县县志的主编王安全收进他的《太白山》一书中。

就在这次考察的归途中，我们专程去了秦岭山中早已被废弃的老县城。

老县城，即古时的佛坪县城，位于胥水河旁。清朝咸丰年间建城，道光五年（1852年）重修，民国十三年（1924年）最后一任县长被土匪杀死后，老县城就衰落了，70多年来已成为被人遗忘的角落。然而，老县城那浑厚的石质城墙，巧夺天工的柱础石，亭亭玉立的汉白玉石碑，精雕细刻的焚纸炉、东倒西歪的佛像，无不显示着老县城昔日的繁华与光彩。当我们随着狗叫声，迎着阵阵农家炊烟的清香，走近低矮的城门洞时，在残损的城门上，小伙子正架着梯子，把鲜红的对联贴在岁月已久的砖墙上："朝雨为您洗尘，晚风给咱宽心"，横批是："久已盼望"。

记得1990年我首次来到老县城时，孙村长给我端上香甜的红豆粥、白面饼和难得一尝的土蜂蜜。晚上天凉，半夜里他亲自给我插上电褥。白天，他陪我逛遍了老县城的城墙、文庙、县衙、监狱、关帝庙等遗址。他指着胥水河北岸的丛林说："年初这里来了一群金丝猴，足有300只，一住就是10天。"他又说："前年冬天，村上来了只大熊猫，家家户户没有人碰它一下，可爱的家伙，吃饱食物大摇大摆地走了。"他接着说："这几年羚牛也多了起来，群众保护它，可它却总伤人。尤其春夏之交，常常发生羚牛窜入农家伤人伤畜的事件。"他还说："胥水河有细鳞鲑，老百姓叫它花鱼，是极珍贵的水生动物，全国只有两条河出产这种鱼类。古时这种鱼是献给皇帝的贡品，现为国家级保护动物。"他最后说："尽管这里遍地都是宝，可因这里远离县城，交通不便，全村180多人都盼望着政府早日开发这里。"

10年以后，随着陕西作家叶广芩《老县城》一书的问世，老县城受到越来越多有识之士的关注。画家万鼎还在老县城购地修建了偌大的别墅,政府投巨资修通了去老县城的公路。终于,老县城人迎来"久已盼望"的大开发。

秦岭横贯关中东西，与南北走向的黄河形成坐标，从而确立了关中在中华版图上的位置。

川陕公路（凤县）1978年摄

宝成铁路穿秦岭（宝鸡市）1990 年摄

相传姜太公垂钓 50 年的宝鸡磻溪河钓鱼台（宝鸡县）1994 年摄

秦岭被誉为西安的后花园、天然氧吧（眉县）1992年摄

太白山瀑布（眉县）1977 年摄

秦岭清风峡（眉县）2011年摄

① 科考工作者收集标本（眉县）1977年摄

② 察查看大熊猫踪迹（佛坪县）1977年摄

| ① | ② |

顽皮可爱的小金丝猴（周至县）2004年王磊摄

生活在秦岭佛坪自然保护区的大熊猫（佛坪县）1977年摄

东方宝石——朱鹮(洋县)2001年摄

秦岭野生羚牛(柞水县)1977年摄

太白山上塑有诸神的小庙（周至县）1977年摄

太白山拔仙台上的木制庙宇和铸铁神龛（周至县）1977年摄

迎接高考的山里娃（周至县）1990年摄

家养土蜂巢（周至县）1997年摄

① 科考人员在野炊（周至县）1992 年摄

② 太白山上的灵芝（周至县）1992 年摄

① 太白山上的玉皇池（周至县）1992年摄

② 太白山上的双子松（周至县）1992年摄

① 20世纪90年代远眺秦岭,还可见远山顶上的积雪(太白县)1991年摄

② 科研人员在太白山发现羚牛尸骨(眉县)1991年摄

③ 太白山风形松(周至县)1992年摄

太白山石海中的木屋（周至县）1992年摄

太白山顶的石阵,神话故事中的封神之地(周至县)1992年摄

① 收获（长安县）1995 年摄

② 岭北坡的公王岭蓝田猿人遗址（蓝田县）1985 年摄

| ① | ② |

① 1964 年在公王岭发现的蓝田猿人头骨（蓝田县）2009 年摄

② 复原的蓝田猿人头像（蓝田县）2009 年摄

③ 冬日的秦岭（蓝田县）2008 年摄

①	③
②	

① 秦岭原始森林（周至县）1990 年摄

② 植物分类学中不可或缺的独叶草（周至县）1990 年摄

③ 太白山二爷海（周至县）1990 年摄

20世纪70年代秦岭山区多生多育是普遍现象(户县)1974年摄

华山百尺峡（华阴县）1971 年摄

华山气象站（华阴县）1977 年摄

华山苍龙岭(华阴县)1978年摄

① 远眺秦岭三公山（华阴县）1984年摄

② 云涌华山（华阴县）1984年摄

华山下棋亭（华阴县）2014 年摄

华山东峰(华阴县)2014年摄

柞水溶洞（柞水县）2014 年摄

秦岭太平峪登山索道（户县）2014年摄

帝　陵

秦中自古埋皇上。从西周至唐,先后有13个王朝在西安建都。72位皇帝死后埋在渭河两岸的黄土地中,形成蔚为壮观的帝陵群,其中尤以秦陵、汉陵和唐陵规模最恢宏、遗存最丰富。

咸阳原和北山山系埋葬着汉唐30位帝王

打开关中地区文物古迹分布图,我们可以清楚看见,紧围着咸阳原从西向东,排列着汉武帝茂陵、昭帝平陵、成帝延陵、平帝康陵、元帝渭陵、哀帝义陵、惠帝安陵、高祖长陵、景帝阳陵,在西安的白鹿原上有文帝霸陵和宣帝杜陵。当我们把视线投放得再高些、再远些,即可发现整个渭北原上从西向东蜿蜒着陇山、千山、岐山、梁山、九嵕山、嵯峨山、尧山等统称为北山的山系。在这些山下,依次建有唐代的乾陵、靖陵、昭陵、建陵、贞陵、崇陵、庄陵、端陵、献陵、元陵、定陵、章陵、简陵、桥陵、景陵、光陵、泰陵、丰陵。当然,还有临潼的秦始皇帝陵和宝鸡的炎帝陵,以及远在陕北的黄帝陵。这些集权者们生前随心所欲地支配所能支配的一切自然资源,包括芸芸众生,死后又占据关中风水宝地,留下文物遗存。在埋葬他们尸骨的陵墓中，留下了由百姓众生孕育和创造的体现人类文明进程的文化遗产。而华夏文明直接与其真正的孕育者——千千万万的百姓众生，却早已化作尘埃，渺无踪影了。

西周推崇"不封不树"，秦始皇首开大造陵墓之风

虽说西周在西安这块土地上首开建立国都的先河，地下遗存与文物堪称国宝，但就陵墓而言，由于西周推崇"不封不树"习俗，所以，至今除在丰镐地域发现和挖掘了一些贵族墓葬群外，其帝王陵墓仍然是一个千古之谜。

秦始皇就不同了，他不愧为千古一帝。他统一中国后，秦都城不但规模宏大，他死后的归宿地——陵墓也是世界上少有的。秦始皇从13岁当上皇帝的那天，就开始为自己营造坟墓。经过30多年的专制统治，他不仅为中华民族留下了一部严酷的中央集权的历史，而且留下了一座丰碑般显赫的陵墓，以及威武浩荡的兵马俑军阵。我常常为古人的"事死如事生"而感叹，在他们看来，生与死是一个整体过程。面对生而静，面对死而不惊。从历史文献中我们得知，秦始皇以后的历代帝王大都从登基便开始营造坟墓，把自

己的死看得崇高而伟大，似乎其生就是为了壮丽地一死。于是，中国大地上有了数不清的陵墓坟冢，于是一座座陵冢成了中国政治、历史、文化的博物馆。

秦始皇帝陵位于西安以东30多公里处的骊山脚下，夯土筑成。陵高47米，陵底长515米、宽485米。陵区布局分内城和外城，内城周长2525.4米，外城周长6294米，总面积为2平方千米。考古工作者曾在陵周围发现许多秦代建筑遗物，有门砧、柱础、瓦脊、石水道、陶水道及直径约半米的大瓦当。遗憾的是，土木结构的古典建筑难以承受千年岁月的剥蚀和战火考验，一座座华丽的宫殿、陵寝都灰飞烟灭了。但是，被尘封地下、大都压成碎块的陶兵马俑却得以"安全"地保存下来。1974年3月，当时的临潼县西杨村农民打井时，发现了一颗陶制的古代人头。农民们一时吓得六神无主，不知怎么安顿这颗吉凶不明的物什。我的朋友，后来成为摄影家的侯登科正好路过。一农民顺手将一颗"人头"扔了过去，并说："带回去耍吧！"老侯接过"人头"仔细观察，潜意识中艺术家的素养告诉他：这是件不寻常的东西。于是，他从口袋里掏出一包羊群牌香烟扔给农民作为酬谢。然后，便把"人头"夹在自行车后座上带走了。田间的小径，坑坑洼洼，走了几步,那"人头"就被颠了下来。他捡起来再夹上,没走几步又被颠了下来。老侯隐约感到了一点儿"凶"的成分的威胁,加上这东西不好携带,就扔还给农民,骑车匆匆离去。

说到"凶"气,20世纪80年代初,秦兵马俑馆刚建成不久,有一名21岁的青年,从馆内成功偷走了一颗俑头,并转运出陕西,后在上海机场被拦截。结果为了1颗俑头,掉了3个真人头。

过去,在关中农民的意识里,墓穴中的东西都带有晦气,是不吉利之物,一般来说是不把它们带回家中的。而这样的"人头"对他们来说,从未见过,所以更加神秘而令人恐怖。一时间,这"人头"成为人们议论的话题。消息传到文管会,经过考古工作者勘测与试掘,3个大型俑坑被发现了,出土共计7000多件陶俑、陶马、战车,以及铜车马、吴钩、弩机、铜殳、矛、镞、剑等实战兵器,这就是后来被誉为"世界第八大奇迹"的秦兵马俑。随着展馆的建成和开放,人们蜂拥而至。普通百姓、各国政要竞相观看,许多外国人更是认为"不到兵马俑,不算到中国"。如今,每年来参观秦始皇帝陵的游客达500多万人,带动了陕西乃至全国的旅游业。临潼人因为有了兵马俑而出名、而获利。他们不再认为古墓中的东西带有晦气了,他们不但爱起它们，想拥有它们，也有了保护它们和利用它们的意识。临潼人用自己握了一辈又一辈锄把的老手，做起精致的兵马俑复制品来。他们真不能想象，贫穷了2000多年，从来没人注意过自己，却因脚下出土了兵马俑而改变了世代生存的境遇。在他们的记忆中，秦始皇这样暴戾骄奢的帝王只能给人们带来徭役和死亡。的确，秦始皇在位30多年，不是发动战争就是修筑长城，不是盖宫殿就是修陵墓。他那颗不能寂静、平和的心，使他终身处于奔波好动之中，永远无法填满其"自比天高"的膨胀欲。他坐着由匠人潜心研制的金银车，由六马换驾，五次出巡，放飞那颗阿房宫也关不住的心。如今的临潼人认为，没有秦始皇的专横淫奢，就没有秦宫与帝陵的辉煌。应该感谢秦始皇，感谢自己的祖先，是他们为今天的临潼人埋下2000多年后的致富机缘。

当然，西安城郊还有为秦灭六国统一华夏做了长期准备的秦庄襄王、秦昭王、秦孝文王等人的陵墓，但由于他们生前都是王而不是帝，所以，其墓葬规模无法与始皇相比。

汉墓多为覆斗形,其石雕是纯正的民族艺术

所有汉陵几乎都呈现出平顶覆斗形状,远望如座座削去尖顶的金字塔,显得庄严稳定。西汉 11 座皇陵,除文帝刘恒的霸陵在白鹿原、宣帝刘询的杜陵在鸿固原外,其余 9 陵呈"一"字形排列在咸阳原上。汉陵外部用黄土筑成。陵区布满各种建筑,豪华壮丽,规模宏大,从一个侧面显示着刘汉王朝的鼎盛强大。

距西安 40 公里的汉武帝茂陵,位于兴平市东北约 9 公里的窦马乡,是汉代帝陵中最大的一个。汉时的中国,盛行帝王厚葬制度,每年把国家收入的 1/3 用作建陵与储藏殉葬品的开支。汉武帝即位后第二年,就开始为自己营造坟墓,直到 50 多年后他死时,陵上的树已长得可以合抱。如今,茂陵中陪葬的各种金银器皿、飞禽走兽、鱼龟海怪早被盗劫一空。唯有距武帝陵东北约 500 米的霍去病陪葬墓前的石刻,还那么气势不凡、威风凛凛,象征着汉王朝强大的军事国力。

霍去病是汉武帝时一位杰出的青年军事家,18 岁时就统领军队,先后 6

次出征塞外抗击匈奴，屡建战功，24岁病故。武帝惋惜与悲痛他的早逝，把他葬在自己墓旁。为炫耀其战功，还在墓地封土上用天然石块堆成祁连山形状，并雕刻各种大型动物石像作为冢上装饰，借以表彰霍去病在西域的辉煌战果。这批石雕共发现了14件，有马踏匈奴、怪兽吃羊、人与熊、跃马、卧马、牯牛、伏虎、野猪、石人、卧象及蛙、蟾、鱼等。同时，霍去病墓还出土了2块刻字的巨石，上有"左司空"和"平原乐陵宿伯牙霍巨益"字样。这些石刻作品简洁、概括、浑厚、朴拙、粗放、含蓄，是中国石刻艺术中一座不可逾越的高峰。鲁迅先生曾给予它们极高的评价，认为它们体现了纯正的民族艺术风格。

1990年夏天，修建西安咸阳国际机场汽车专用线时，在汉阳陵脚下挖出了神奇的汉代陶俑。这批陶俑与秦兵马俑迥然不同，它们是清一色的男性裸体俑（据说最初穿着衣服，后来衣物风化掉了）。它们身体修长，结构匀称，泛土红色。其五官各异，表情不一，呈现着鲜明的个性特征。尤其是那些男性的生殖器官，雕塑得精致逼真。以往，人们总认为中国绘画与雕塑只重神似，以写意为旨，而汉阳陵的这批埋藏了2000多年的全裸陶俑的出土，纠正了这种传统评论。古代制陶艺人同样讲究人体结构，注重细节刻画。更重要的是，在一个封建帝国，长期尊崇儒教传统的礼仪之邦，竟然出现如此众多的全裸泥塑，是特定的写实艺术风格使然，还是汉景帝开放的现实主义思想使然？如果其他的8座陵墓有朝一日被全部发掘，一切埋藏在咸阳原上的千古秘史将被揭示出来，我们数千年的政治思想史、文化艺术史、道德伦理史将会是怎样的状况呢？

李世民以山造陵，座座唐陵各有千秋

李唐王朝不仅把一个观念的中国带进历史鼎盛时期，而且把这个鼎盛的历史埋藏在渭北的高山原野中。李世民以山建陵，用以显示自己的永久皇权与雄风。

陵墓对于中国帝王来说，是最后而永久的"家"，没有什么比家更重要。因此，他们登基后的首要大事就是为自己勘探、选址，营造最后的家园，其中许多工作是由当时的知识分子完成的。虽然说伴君如伴虎，但传统的中国知识分子仍然喜欢"为虎作伥"。他们凭着继承过来的风水知识，加上自己的悟性，像现在的地质学家一样带着助手，踏遍渭北高原，把一座座面南坐北、可雄踞远眺的山峰,确立为帝王未来的归宿地。昭陵的确定,就是两位古代知识分子共同创造的一个天衣无缝的神话。据说,李勣察看九嵕山时,在那里丢下一枚铜钱作为选址标示。魏徵选址时也看中了九嵕山,把发针插入地下后回京禀报。他们在李世民面前各抒己见,李世民听罢,亲自到现场察看。只见那发针端端正正地插入钱币的方孔中,于是龙颜大喜,决定把自己永远的归宿地定在九嵕山上。

在众多的唐陵中,李世民的昭陵规模最大。陵正南山下开有朱雀门、献门及宽阔的神道。周围的167座小山峰是李世民生前追随他征战沙场、谋取政权的亲相爱将、夫人公主的陪葬墓,他们像众星拱月一样围绕在九嵕山周围。经考证,已知墓主人姓名的陵墓有57座。在中国历史上,像李世民这样生前与臣将"义深舟楫",死后还能埋在一起"荣辱与共",实属罕见。与其他陵墓不同的是,昭陵北面山峰下开有祭坛、司马门,门内有14座拱手侍立的少数民族首领石像,以及各朝祭陵留下的石碑。遗憾的是,如今这些石像早已不见踪影,仅留下残缺不全的石座。石碑也大都七斜八歪,字迹模糊不清。

驰名中外的昭陵六骏石刻,最初就列置于司马门内的东西廊房中。"六骏"是李世民打天下时南征北战所骑的有战功的名马。为追念这6匹战马，李世民生前诏令雕刻，每匹石马还配有其亲自吟作的四句警语。昭陵六骏是唐代石刻的经典作品，其中"飒露紫"和"拳毛䯄"于1914年被美国人盗走，现存美国费城大学博物馆。1917年，美国人又将其余四方石刻敲碎装船，准备偷运出境。西安民众得知后纷纷起来抗争，最终将这四方石刻追回。经补缀黏合的四骏现藏陕西省博物馆，但都已伤痕累累，难复昔日完整雄姿。

2002年10月初，我陪《人民摄影》主编司苏实夫妇游昭陵时，正赶上考古人员挖掘司马门遗址。我看到两座被清理出的阙楼台基下部裹着青砖，是一条约20米宽的神道，两旁的廊房地基也都铺着唐、明、清三层石砖。考古人员告诉我们，上边两层分别是明、清修建司马门时铺垫的，最下一层是唐代的。我做了比较，明、清的砖窄而小；唐砖宽而大，且背面拓有印章或手印，那是为了日后一旦出现质量问题便于追查责任。朱元璋登基3年后拜见昭陵的皇家石碑，其也得以从掩埋了600多年的黄土中被挖掘出来而重见天日，在夕阳、金风中泛着红光。

乾陵修建在西安西北80公里外的乾县境内，是从未被盗过的保存最完好的唐陵。乾陵是大唐第三代皇帝李治与女皇武则天的合葬墓,位于乾县北部的梁山脚下。梁山有三峰,成为乾陵的天然门户。北峰最高,呈圆锥形,远看像一座天然的墓冢。南二峰较低,东西对峙,山头上各有土阙极像乳房,当地人称之为"奶头山"。走在通往乾陵的西兰公路上,向北望去,远远就可看见乾县县城以北五六公里处的乾陵。其整体形状恰似一个仰卧的女人,两乳房高高隆起,宽大的神道通向她的腹部,走在上边的游人显得极其微小,如蚂蚁般爬在巨人宽大的腹胸上。这是一个奇妙的构思和伟大的设计,它与陵前那座无字碑一起,异曲同工地表现出中国历史上唯一女皇的气度和威严。

武则天用她的智慧、胆识和残酷的政治手腕,夺得了皇帝的宝座,改国号为周。在其数十年漫长的权力斗争中,武则天蔑视和挑战宗法观念,而当她即将走完人生之旅,临死时又不得不向强大而顽固的宗法意识缴械投降——把权力还给了李唐王朝。

乾陵的石刻有极高的历史文化价值和艺术审美价值。它的华表是八棱形的,柱身雕有华丽的卷草图案,柱座刻有狮子等兽类形象;它的石刻中有长着翅膀的马,被称作飞龙马,也叫天马,寓意"天马行空,我行我素";它的翁仲神情凝重，不可一世；61座宾王石像，记录着唐时西域各国俯首为臣的历史事实；它的陪葬者是武则天的儿子章怀太子、孙子懿德太子和孙女永泰公主，这三个短命者都是因为说了对武则天女皇不利的话而被害死的。在争权夺利的政治斗争中亲生骨肉都可以牺牲，其他持不同政见者的下场如何，则可想而知了。

唐陵中的壁画，有极高的艺术价值和考古价值。所有陵墓，那长长的墓道深深地斜伸墓宫，且须通过一道一道墓门。墓道拱形墙壁上描绘着墓主人生前的各种活动，线条流畅，造型精准，生动飘逸，从一个侧面展现出唐代的生活方式、审美追求和社会风貌。不过，目前人们能看到的只是太子与公主的墓道壁画。真正帝王墓中的壁画，因至今没有开掘而无法看到。据说，昭陵、乾陵都未被盗掘，若真如此，那么王羲之的《兰亭序》真迹将是昭陵中最珍贵的艺术极品了。

在已经发掘的唐陪葬墓中，最令人吃惊的是墓宫顶端的盗洞。它们十分精确，不偏不斜地正中墓宫。可见盗贼是另一种勘探科学家，甚至是发明家。他们特制的盗墓工具被称为"洛阳铲"，后来被普遍用于地质勘探、建筑勘探等领域。

唐陵座座居高临下，依山临川。所有陵墓前均辟有百米宽的御道，也称神道。神道两旁立有石人、石马、石羊、石狮及华表和石碑。其中，昭陵以六骏闻名，乾陵以无字碑和61座宾王像为最，而泰陵的鸵鸟、武则天母亲杨氏顺陵上的独角兽则让京城人少见多怪。唐代石雕虽不比汉代石雕粗放、简洁，但也不失雄风大气。它们均分两行矗立在数百米长的陵前神道上，显耀着帝王的威严与神圣。

未开发的古陵保持着清新、自然的田园气息

虽说帝王陵墓几经古代知识分子精心挑选，被视为风水宝地，但毕竟是坟墓，它们远离都市，深入群山，避开良田，体现着古人朴素的环境意识。

1990年，我在拍摄《八百里秦川》专题时，开始注意散落在渭北高原上的帝陵。记得当时站在蒲城金粟山李隆基的泰陵上，放眼南望，褐色的土路在一望无际的绿油油的麦田中蜿蜒曲伸。时值清明，不时有农人带着纸扎和供品寻找自家先祖的坟地扫墓。路旁石狮、石龟的底座，也成了路人歇脚的地方。上了年纪的老太太头顶手帕，带着孙子孙女在麦田中寻挖荠菜。那

种特有的安详、平和、清新、自然的田园气息，比起新修的乾陵、昭陵来，别有一番风韵。

金粟山整体像一只簸箕，仿佛要把天下的粟谷都收入自己的怀中。站在山顶俯视泰陵，宽50米、长500米的神道，以及神道两旁的翁仲和石狮、石马与华表，增加了泰陵肃穆、庄重的气氛。泰陵是千古风流皇帝李隆基亲自为自己选定的。据说，他当皇帝后每年清明必亲自去桥陵为父皇扫墓，路过金粟山时，常感叹这山气势不俗，有虎踞龙盘之态，遂定下自己千古后的葬身地。

在泰陵陪葬着玄宗的妻子杨皇后和他最为贴心的知己高力士。高力士生在广州，活在陕西，死在湖南。高力士是一位颇有才华且忠诚的宦官，深受唐玄宗的赏识。他一生服侍过4位皇帝，死后被允许陪葬皇帝，这在中国历史上是绝无仅有的。而杨贵妃因背了"安史之乱"的黑锅，遭兵乱饮恨马嵬坡，被草草埋在泰陵以西200多公里处的马嵬坡荒野中。

唐代第八位皇帝李亨的尸骨，埋在位于礼泉县石马村的建陵。这是唐陵中石人石马保留得最全最多的陵墓，也是这个拥有50余户人家的小村村名的来历。建陵的神道现已被雨水冲刷成一条南北走向、宽约400米的深沟，石人石马每尊间隔约25米，分列在深沟的两旁。神道两旁的坡地上种满苹果树，所有石像全部隐没在果树中。2010年以前，石马村的农民全都住土窑、大部分人不识字，没文化。村里仅存的一所小学，只有1间教室、1位老师、1间办公室兼卧室。老师叫张治学，他告诉我，全校共9名学生，分6个年级，集中在一间教室上课。他每天在这个教室里，一边给不同年级的学生讲课，一边给听过课的学生布置作业。学生们竟然没有受到影响，学习成绩名列全乡第一。我问他们有关陵墓的事情，连老师在内都说不清陵墓的主人是谁、有多少石人石马、人头马头是谁打掉的。看来，在石马村没有人关心唐代的东西，唐代的东西与他们的现实生活没有关系，毕竟那个时代离他们太遥远了。

记得是一条乡村公路，把我带到富平县的虎头山下。山下有两个连在一起的村庄，一个叫陵前村，一个叫马坡村。两村交界处有一块破碎的石碑，上面有对虎头山的描述。大意是此山像只卧虎，气宇轩昂。我抬头望去，果然像石刻描写的那样，虽是卧虎，虎头却高扬，尤其是那灰白相间的石崖，形成一环环的石链，仿佛套在老虎的脖身上。这虎头山下就是埋葬唐顺宗的丰陵。

李唐以山为陵，每山都与陵主人的观念形态相吻合，似乎渭北山岭就是为李唐皇帝做陵墓而生成的。古人推崇天人合一。在这里，每座山都成为人的观念的形象诠释。一棵古老而峥嵘的柿树把我带进农民张维贤家，整洁干净的家园印证着主人的勤劳、干练。张维贤介绍说："丰陵占地九顷十八亩，自古以来陵区农民不纳税。直到1964年社教运动后，我们才开始交公粮。"说着，他主动带我去看倒在田间的石刻。他指着残缺的石碑和华表告诉我："丰陵的石刻很粗糙，只刻大概的样子，但很有气势。"我们看见一尊断成三截的石碑，凄凉地躺在一片花椒地里，那是清朝陕西巡抚毕沅为丰陵立的石碑。丰陵南边陵界的树林中矗立着半截华表石柱，石柱从上至下有一条指宽的裂缝，张维贤说那是雷击所致。

初夏的田野一片葱绿，麦浪在轻风吹拂下此起彼伏。或藏在麦海中、或埋在黄土中的石人石兽，远离了险恶、喧嚣和浮躁，沉默着，孤寂着，消亡着。

岁月侵蚀、人为破坏，使大多数唐陵衰败没落

2002年春天，我在泾阳县看到嵯峨山上的崇陵已是一片衰败景象。"文革"十年"破四旧"，给唐陵带来的浩劫不算，侥幸留下的唐陵，由于近十

年来当地人炸山取石，嵯峨山东西两端已被切割得像锯齿一样。虽然陵前神道依稀可辨，石人石马一字排列，但已残缺不全。在陵前，我碰到牧羊人李银柱和他的妻子赶羊归来。我问他们是不是守陵人的后裔，李银柱说："不是。"但他告诉我，沟东村有守陵人的后代。据说，当年守陵人吃皇粮俸禄，整日骑在马上，山上山下巡游，十分神气，当地人称他们为"陵户"。李银柱对我说，渭北山上地薄，石多雨少，农民生活极苦，至今仍住窑洞。我四下望去，果然没有房屋，稀稀落落的树荫下隐藏着关中少有的地沟窑。

  崇陵所在的村子叫孟家沟，全村20多户人，家家住地窑，吃水靠地窖蓄雨水。我拍摄时，从山脚传来隆隆的爆炸声，随声望去，山腰腾起一股股白色烟尘，待烟尘散去，崇陵西面的山体露出千疮百孔。我问当地农民：怎能随便开山炸石？他们说："自古以来靠山吃山。城里人大盖楼房，需要水泥、白灰，我们只能炸山取石了。"

  唐定陵位于富平县城北凤凰山下的三凤村。凤凰山自古出石材，其中墨玉为稀有的珍贵资源。走遍关中八百里，小到遍布渭北的拴马桩，大到唐陵上的华表、无字碑，以及陕西省博物馆80%以上的馆藏石刻，均为富平墨玉所造。而凤凰山下，家家都是石材厂，人人都是巧石匠。定陵原有石刻50

多件，其中也有件不亚于乾陵的无字碑。此碑虽然高大，却没有什么象征意义，陵主人李显也没有什么功德可颂，仅为装饰陵墓之物。定陵的石刻在20世纪50年代"大跃进"时就被砸掉了，无字碑也被当地农民砸成72个碾场的碌碡。

富平县庄里乡陵里村的元陵是人为破坏最严重的唐陵，现在只剩下两座长着荒草的土丘，那是当年陵园阙门的台基。据村民介绍，"文革"中元陵地面上的石雕几乎全被砸毁。在陵里村，我看见一座座土砖结构的三层、二层楼房矗立在农居北边，所有楼房都没有了门窗。村民告诉我，这些楼房都是压延设备厂于1965年修建的，直到2000年厂子搬走了，留下这些废楼。在一座废楼的门口，我见到仅存地面的翁仲石像倒在泥土中。村民说："当年工人阶级带着学生娃把象征封建的石人石马当作牛鬼蛇神砸掉了，'文革'后期修大寨田时，砸掉的石像又被埋入泥土中。"时值秋雨过后，正赶上播种季节，在埋着大量石像的黄土地上，我看见农民们三五一群拉犁种麦。他们常常是丈夫扶犁，妻子、儿女拉套，那情景很像回到了很久以前的农耕时代。我问他们为什么不用牛耕。回答说："养牛一年，用牛几天，不划算。"机械化更别想，一是穷，无钱雇机械；二是地太少，家家只有几分或一亩地，也用不上机械。千年来，农民和护陵人守着帝王的风水宝地，年复一年，辛勤耕作，最终未能实现富裕的愿望。他们无限感叹：帝王终究不会为着平民百姓的！

渭北高原黄土深厚，干旱缺雨，不能排除是帝王选定陵址的因素。这样的气候条件，对当地贫困的平民百姓无疑是雪上加霜，包括那些吃俸禄的守陵人。千百年的守候，终于等来了经济腾飞的时代。城市建设点石成金，一夜间，唐陵四周的山石瞬间变为致富的财宝。新愚公们挖山不止，放炮取石。一座座山头，一面面山坡，被挖得千疮百孔，被炸得满目疮痍。真可谓国在山河破！当然，我们不能指责祖祖辈辈期盼富裕的农民，靠山吃山、靠水吃水是历来的古训。然而，对这种开发性的毁坏，管理者不能坐视无睹！

5个石人头换了2个真人头

自古以来，盗墓现象就十分猖獗，这也是关中大地历史遗存惨遭破坏的一个重要原因。当然，从另一个角度看，事实上历代王孙公子的陵墓也养育了一批生灵，甚至促进了生产力的发展，洛阳铲的发明应该是一个例证。

由于盗墓猖獗,关中大地绝大多数古墓遭到浩劫。以往盗墓者看中的主要是墓中的金银首饰,后来的盗墓者,看金银首饰被盗光了,逐步转向瓦罐、雕像、壁画等有价值的文物。

如果说以往盗墓贼还是偷偷摸摸、提心吊胆地偷窃,那么进入20世纪80年代,盗墓贼已是明火执仗地掠夺了。在富平县陵前村,埋葬唐顺宗李显的虎头山,微微隆起的虎鼻子被开了一个长方形的口子。农民张维贤告诉我说:"那是盗墓贼挖的。他们开着汽车,拉着大型工具,常常半夜两三点行动,五点前结束。走后在挖开的口子旁,丢下许多罐头盒、易拉罐和啤酒瓶。"

2002年,我在三原县徐木乡拍摄唐穆宗李炎的端陵,时年73岁的樊启元老人告诉我说:"端陵不知被人偷挖了多少次,好像那墓里有取不完的宝贝……近年来,时不时有人用炸药炸墓。有一天,我与老伴在院子乘凉,突然一声巨响,把我们的窗户纸都震烂了。后来,才知道是一伙人把石人炸下来了。据说一个石人头可卖几十万元。事后,我还从地里拉回一块被他们丢下的石块,放在院子夏天坐着乘凉。"

位于三原县柴家窑村的唐敬宗李湛的庄陵是少有的平地起陵,虽然其气势不比以山造陵那样宏伟,但陵前石刻高大、精美,且保存得较为完整,一时引来盗墓贼的垂涎。1998年的一天，一伙盗贼敲掉5个石人头，勾结香港的文物贩子将其变卖出国，成为轰动一时的国内外勾结走私文物案。幸好案件很快就被侦破了，其中2个主犯被判死刑。当地农民胡克文告诉我说："行刑那天，方圆数十里的人来到庄陵，眼看盗贼被击毙在被敲掉头的石像旁……然而，尽管打击严厉，利欲熏心的贼人仍十分猖獗，不久前又有人来放倒了仅存的两尊石像，盗走了'人头'。"

渭北高原不但有汉唐陵墓，还是藏龙卧虎之地

上文说过，我拍摄崇陵时曾在李银柱家住过。李银柱的母亲叫魏培华，她说她的父亲叫魏止戈，曾当过杨虎城的警卫官（止戈，多有趣的名字，是否暗示着国共休争，共同抗日？）。杨虎城被害后，特务曾追杀过魏止戈，因有亲戚保护，加上魏从小练得一身好功夫而躲过一劫，没想到"文革"中被迫害致死。说着，老人流下热泪，她希望有生之年能给父亲立一个碑，雪掉他的不白之冤。

同样在崇陵下的雒忤村，隐居着一位抗日名将——台儿庄战役敢死队队

长仵德厚。抗战时,他参加过卢沟桥战役、台儿庄战役、武汉保卫战。1949年,在太原战役中被解放军俘虏。20多年的牢狱生活结束后,等待他的是妻子的离世。从此,仵德厚隐没在雒仵村。94岁的老人开怀大度,谦逊厚道。无论人们怎样推崇称赞他是抗日名将,他总是说自己是一名战争的幸存者,比起为国捐躯的弟兄来已经十分走运了。

蒲城的北山上共有5座唐陵,在拍摄景陵时,我走进陵西300米处的一个古堡。完整的堡墙围拱着一个村庄,这村子叫赵家村。66岁的老人赵怀升告诉我,古堡是清代防"回回暴乱"而修建的,村中的许多地道至今保存完好。他说,著名的抗日英雄赵宝森就是这个村的。赵宝森祖上是清朝进士,民国时家境败落。赵宝森是电影《剑吼长城东》中鲍真的原型,时任冀东军区副司令员。1939年4月,他亲自活捉并处死了时任日军头目的天皇表弟赤本,一时震惊日本朝野。1942年2月,在一次反扫荡战斗中,他胸部中弹,壮烈牺牲。

走遍关中大地,到处是平平淡淡的村舍和普普通通的百姓,谁知其中处处都藏龙卧虎,令人绝对不敢藐视。

从西周至唐，13个封建王朝的帝王死后埋在这里，形成了蔚为壮观的帝陵群。

在黄帝陵旁的树林放牧（黄陵县）1981年摄

被称为秦俑之父的袁仲一教授（右一）在考古现场（临潼区）1996年摄

① 修复中的秦兵马俑（临潼区）1996 年摄

② 汉阳陵陶俑（咸阳市）2004 年摄

① 汉阳陵武士俑（咸阳市）2004 年摄
② 在乾陵石马上翻交交（乾县）1982 年摄

唐陵遗存（乾县）2008 年摄

远眺乾陵(乾县)2002 年摄

麦海中的唐靖陵石刻（乾县）2008 年摄

坐在石马上的农妇(蒲城县)1999年摄

苹果园中的翁仲（礼泉县）2000年摄

隐在花椒树林的石像(富平县)2001年摄

① 唐建陵石马（礼泉县）2010年摄

② 建陵石马（礼泉县）2000年摄

① 在唐陵下收获（泾阳县）2001 年摄

② 帝陵前放羊的夫妻（泾阳县）2001 年摄

③ 风吹草低见华表（泾阳县）2012 年摄

① 夕阳下的翁仲（泾阳县）2001 年摄

② 雪地中的翁仲（泾阳县）2001 年摄

③ 唐崇陵石人（泾阳县）2001 年摄

① 挖野菜的农妇(泾阳县)2002 年摄

② 被笼起来保护的唐陵石刻(泾阳县)2013 年摄

在帝陵前拾麦穗(三原县)1998年摄

唐陵前耕作的一家人（三原县）2006年摄

① 唐庄陵（三原县）2011 年摄

② 被打掉头的唐庄陵石像（三原县）2007 年摄

唐献陵石虎（三原县）2010年摄

飞机飞过唐顺陵（咸阳市）2008 年摄

① 唐顺陵石雕（咸阳市）2008 年摄

② 唐陵鸵鸟石刻（蒲城县）2012 年摄

① 唐景陵石刻（蒲城县）2006 年摄

② 唐泰陵（蒲城县）2012 年摄

③ 夕阳下的唐陵（蒲城县）2012 年摄

① 倒在田野的唐陵石雕（蒲城县）2012 年摄

② 唐光陵（蒲城县）2014 年摄

明惠王陵（长安区）2011年摄

明康王陵（长安区）2011年摄

宗 教

佛 教

据外婆说，佛是天下最善良的"爷"。我相信，因为外婆就非常善良。高大威严的庙宇中，所有在场的人都下跪叩头的情景，给我留下了深刻的记忆。于是，佛一直使我敬畏，但我没有产生信仰，我也从不亵渎。即使在史无前例的"文革"中，我也没有以"落实最高指示，破四旧"为名，参与砸佛烧庙那土匪般的活动。后来，我开始关注自己生存的环境，才发现生我养我的关中大地最显著的特点是有帝王陵墓和宗教寺庙。帝陵埋在地下，寺庙建在地上。地下的陵墓与地上的寺庙组成传统的民族文化，孕育着这块古老的黄土地。

从书本上我了解到，佛教诞生在古老的印度，西汉末年传入长安，继而遍布全国，到唐时鼎盛。著名僧人玄奘曾为理想偷渡出国，历尽艰辛，18年后取回真经，受到大唐皇帝李世民亲自迎接。随后又苦心研读，译经19年，计1335卷，成为伟大的高僧。中国佛教有十大宗派，其中八派始创于长安，这些精英文化千百年来滋润着人们的精神家园。至今，在关中大地上仍然存留着144座佛寺和历代佛塔,其中最有名气的寺庙有兴教寺、慈恩寺、感业寺、青龙寺、净业寺、仙游寺、庄严寺、荐福寺、罔极寺、华严寺、香积寺、草堂寺、卧龙寺、法门寺、庆寿寺、慈禅寺,以及西安城中唯一的藏传佛教寺院——广仁寺。

　　近年来,寺庙香火越来越旺,若逢庙会,更是人头攒动,你拥我挤。大多数信徒居士,嘴里只是不断重复"南无阿弥陀佛"这一句颂词而已,他们很实际地企盼自己的来世一定比现在美好。我有幸参加了关中佛教的两次盛事,这两次盛事都发生在2002年。一次是2月,送法门寺佛骨舍利赴台湾展出。那天,台湾佛教界高僧与民间居士乘专机来西安迎接舍利,法门寺更是举办了万般隆重的接送仪式,香港凤凰卫视还做了现场直播。在人群中,我看见那些和尚、居士和信徒们泪流满面的样子,又看见那些高僧、法师平冷的面孔,不知道该怎么理解传经者和受经者的思想境界。另一次是7月,法门寺住持净一法师圆寂,成千上万追随者从四面八方拥向法门寺为净一法师送行。净一法师的遗体是在法门寺北山一个临时搭建的焚尸炉中被火化的。那是一个用青砖砌成的炉子,炉中架满木柴。净一法师的遗体被运到山上时,等候了一天一夜的男女老少便号啕大哭,无数褡纸清香被点燃,鞭炮声响成一片。上午 10 时，净一法师的遗体被置入炉内点火焚烧，一股浓烟直冲云霄。记得那天一直阴得很重，要下雨的样子，可当焚烧净一的烟冲上空中后，幕帐般的乌云却渐渐散开，一束束阳光洒在众人头上。顿时，人群沸腾起来，齐呼"阿弥陀佛"。信徒、居士一致认为这是净一法师的法力起了作用，他们说："老天从不耽误法门寺的事情。"

一句"阿弥陀佛"，关中人朗诵了 2000 多年。时间太长，颂词太熟，熟得成了丝毫不用思想的话语惯性。对于关中人来说，佛在有无之中、记忆之间。佛要普度众生，佛以慈悲为怀，这也正是大多数善良的普通人的质性所在。佛将带领他们的灵魂，从一生的贫穷、苦难、羞辱、失落中达到彼岸。只有来世是属于善良的普通人的。因此，善良人无法干那些改朝换代、惊天动地的大事情。

道　教

道教是中国的原生教。周至县的楼观台是中国道教的发源地，也是道教最早的宫观，素有"天下第一福地"之称。远在西周时，大思想家李聃由楚入秦，受到尹喜亲迎，遂在楼观台讲述《道德经》五千言。东汉末年，张修、张鲁等创立道教，奉老子为教主，尊《道德经》为经典。

我们常听到"老子天下第一"的戏言，其实，此语却有一番正经的来历。春秋时期，百家争鸣，各种学派与思想相互驳斥，仁智不一。但他们对老子的哲学思想都十分推崇，并将老子奉为九流之祖，从而有了"老子天下第一"这句妇孺皆知的口头语。

道教是国教，却始终难以最广泛地传播。作为道教经典的《道德经》，谈的是天地人的大道理、大宇宙的大规律，没有文化只知饮食男女的普通人听不懂，只能敬而远之。而道士又经常隐居深山，炼丹修身，有的甚至玩以巫术，远离人间烟火，普通百姓难以接近。加上道教历朝多介入政治风云，荣辱难以一恒。

陕西现存道观41座，享有盛誉的有楼观台、八仙庵、白云观、重阳宫、东岳庙等。1992年，我有幸采访台湾玄门弘法会一行162人在楼观台与陕西道士联合举办的演醮法会。两岸教友一个个穿戴整齐，以表示对老子和其他大仙的毕恭毕敬。法会再紧张，道士们都按照规矩坚持完成早课。最令我惊讶的是，台湾玄门弘法会为这次祭奠活动共购置了720种供品，其中包括面粉 5 吨、大米 5 吨、水果 7.5 吨、白糖 2.5 吨、食盐 2.5 吨。法会结束时，另外 20 吨专程从台湾运来的金纸，在宗圣宫遗址上被熊熊大火化为灰烬。

令我记忆犹新的是，那次法会是在道教圣地举行的，但人们看到台湾玄门弘法会的法师却打着儒家旗号，悬挂着菩萨画像。我不明其理，便请教台湾来的戴昌明会长与楼观台的监院任法融。戴会长说："道教是国教，道教成为与社会、与民间结合最密切的宗教。台湾大约有 700 万教徒，我们虽然请来佛门法师，挂着菩萨画像，但从我们主观上讲，是想把道墙、佛墙拆开，而且我们认为儒、道、释本为一体。道家的吕洞宾被称为吕祖，佛家也称他为文尼菩萨。看来只是叫法不一，实质是一样的。你看楼观台后庙中也祭菩萨。"任法融监院说："我认为戴昌明一行念的佛经与我们道教没有根本区别。我看过他们的经典《梁皇宝忏》，主要是劝人为善。即便对生前做过恶的人，也要帮助他们超度亡灵，解除痛苦。此次所来 100 多人，体现出一种民间信仰，这在台湾目前最为盛行。只有在改革开放的今天，才会有两岸的演醮法会。"他们两人都认为道教是从楼观台传到台湾的，现在两岸道人在原生地共同举办法会，就是为了寻根祭祖。同时，他们希望通过这次联合法会，可以促使两岸加强交流，尽快和解，完成统一。

伊斯兰教

碰到西安的回民，问其家住哪里，他们会说："在坊上。"坊上的回民应是回纥人的后裔。据史料记载，765年，郭子仪平定安禄山叛乱从泾川回到长安时，带有200多名回纥追随者。那时唐长安城分110坊，布局整齐，坊墙高大。这些回纥人大都留住在礼泉坊、义宁坊一带，长此以往，他们便把自己的居地亲切地称为"坊"，一直沿用至今。

回纥并不是单一民族，而是由多个信仰伊斯兰教的部落人组成的整体。初到大唐，由于他们有不同的语言，而且都不懂汉语，因此被唐王朝安排在一起学习汉语和大唐的法令、制度。当年的礼泉坊、义宁坊就在皇城根下，大唐礼部主客司衙署（唐外交管理机构）和鸿胪寺（唐外交礼仪机构）就设在那里。于是，那里就成为西域各国使节及回纥人驿馆和中外文化交流的高端平台，西安城里的大、小学习巷便由此得名。回纥人从西域来，都是穆斯林。他们带来的伊斯兰教，俗称回教。他们的经典是《古兰经》。他们诵经的地方是圆顶带月牙的清真寺。西安最有代表性的清真寺位于西安大学习巷和化觉巷，因地理位置一东一西，所以也被称为东大寺和西大寺。虽然史书上记载，两寺创建于唐玄宗天宝元年（742年），但现存两寺却为明清建筑，一派明清宫殿的式样。标准的中国式殿堂，却是穆斯林的寺庙，这引起了外地人特别是无数西方人的强烈兴趣，凡来西安者必游览坊上的东大寺和西大寺。

　　坊上回民都是《古兰经》的信徒，他们每天都按时去清真寺礼拜或祈祷，每星期五还要举行一次聚礼。聚礼一般都是以教坊为单位举行，实行双"虎图白"制。"虎图白"（讲演）是按一定的仪节，用阿拉伯语背诵一篇固定的赞主赞圣和祈求两世喜庆的祈祷词。一年中，回民两大节日的礼拜是清真寺最红火的活动。他们对礼拜的条例和仪则非常认真，严格遵守。清真寺是圣地，异教徒和汉人不能随便入内。1990年，我陪日本朋友采访阿訇马良骥时，被误认为私自闯入清真寺礼拜会堂，差点儿被赶出来。清真寺会堂不允许女人进入，做教事时，女人必须回避。清真寺也是为"无常"者做"讨白"（忏悔）的地方。我经常看见寺外大墙上贴的讣告，说什么时间将在会堂为亡者做"者那孜"（殡礼）。我很想拍摄这样的照片作为资料，却因不符合教规，未被允许。西安东郊有回民拱北，做过"者那孜"的亡人会被抬到拱北，用白布裹尸埋入地下，入土为安。他们赤身而来，赤身而去，回归土地，回归自然，体现了清真的信仰。

天 主 教

关中人把天主教称作洋教。我第一次见到洋教徒，是在1978年的一个上午。那时，我在澄城县农村采访，路过一个打麦场。突然，一阵低沉的嗡嗡声引起我的注意。四下望去，没有人，只有风。麦秸垛蘑菇般地栽在麦场两头，未发芽的梧桐树飒然颤抖。雾中太阳散发着白色光线，有些刺眼，耀得万物失去反差，茫茫一片。随声寻去，麦场尽头陡陷，下边藏着一排废弃的窑洞。其中两孔有门，久经风剥日蚀的木门，虚掩着留下一条浓黑的缝隙，嗡嗡声从黑缝中挤出来。出于好奇，我轻轻推门探望——嗡声戛然而止，黑暗中显出一张张惊恐的老脸，每张脸前有一个四四方方像《毛主席语录》般大小的白皮本子，我真以为村民们还在继续"文革"期间的"天天读"。片刻，待眼睛适应了，我走上前问道："你们还坚持读语录吗？"却始终没人接话。我弯腰细看，见那些粗糙的手指间夹着的小本子竟是《圣经》。

我不由一怔，窑内气氛顿时静谧而紧张起来。我第一眼没看错，窑里的人都是老头儿老婆儿，穿清一色黑衣黑裤，有些老太太头上还顶着一块黑色方布帕巾。他们似乎也看清了我的着装和手中的相机，猜着几分我的身份，没人敢与我对话。我悄悄调整光圈与速度，目测了距离，然后高声说："你们念吧，不打扰你们了。"说话间偷偷按下快门，随即退出窑洞。回到麦场，我一下子倒在麦堆上，心怦怦跳个不停，既紧张又害怕，似乎那窑洞中藏着已点燃导火索的万吨炸药。不一会儿，窑洞中的人像蚂蚁似的一个个匆匆钻出来，向村中散去。

这是 25 年前，我首次见到和拍摄还处于地下状态的陕西天主教活动的情景。当时我之所以紧张与害怕，是因为"文革"中我亲眼看到天主教徒被打成里通外国的间谍、特务和企图颠覆无产阶级专政的反革命分子，而遭批斗和判刑，也经历过把所有宗教活动当作封建迷信横扫批判的运动，所以心有余悸。而当时那些教民匆匆结束弥撒和唱经，肯定也是因为我发现了他们的"秘密"后所采取的对策——走为上。

进入 20 世纪 80 年代，处于地下状态的农村天主教活动逐渐转为地上，开始公开举办一切有形活动。每逢下乡采访，无论是在陕南还是在陕北，无论是在黄河边还是在渭水旁,我都能听到教民的赞美诗,看见他们画十字的身影。虽然我是无神论者,但作为一名记者和摄影爱好者,我还是对农村的宗教活动怀有浓厚的兴趣,感到有必要对这一生存状态及其表现出的人文现象做忠实的记录。20世纪80年代初,我把关于农村天主教的摄影专题定名为"乡村洋教",并把照片制成幻灯片,与来访的国内外影友进行交流。有位影友看到幻灯片后受到启发,不仅来陕西,还深入山东、河南、云南等省,常年扎进教民中做采访,他的行为还曾被误解而没收相机,遭到监控。

我拍摄乡村洋教,并不十分关注洋教本身,我更注重关中农民究竟怎样看待洋教,洋教又怎样改变着关中农民的生活方式。总之,我尽量用一颗平常心,去拍摄宗教观念影响下的普通农民的日常生活。

洋教在陕西的传播,最早可追溯到1000多年前的唐朝。在西安以西90公里处的周至县五郡庄大秦寺出土的景教石碑,翔实记录了基督徒阿罗本于635年首次把基督教带入长安的情景。经过千年的坎坷岁月,洋教不断演变、发展成为符合国情的中国天主教。

"文革"期间,天主教遭到浩劫,神父大都被关押,本不算豪华的教堂几乎全部被夷为平地。教民被迫"改邪归正",返朴还俗。1984年我在凤翔采访时，看见教民们虽然已经可以公开进行教事活动，但没有教堂。每逢重大节日，他们只能跪在原教堂遗址的露天广场上做弥撒，而日常祈祷与礼拜时，许多教民干脆在自己家的院落举行。

目前，在中国流行的五大宗教中，经文系统、程序严谨、仪式隆重者应首推天主教。20世纪80年代中期以后，随着经济复苏，农民收入增加，尤其是1982年12月中国新宪法颁布后，乡村洋教得以迅速兴起，被占被毁的教堂和遗址退还教会，教民自愿出钱出力，大兴土木，随后一座座欧式建筑如雨后春笋般耸立起来。这期间，陕西农村最惹眼、最明显的变化莫过于修农舍、建教堂、盖学校。而教堂、庙宇的建设速度、建筑质量远远超过学校。一时间，在辽阔的三秦大地的自然村落中涌现出一座座圆拱尖顶的天主堂，给古老的灰色农村增添了一丝华丽色彩。

据陕西省爱卫会秘书长渠小玲女士介绍，全省目前有西安、榆林、延安、咸阳、宝鸡、汉中、安康等教区，大小教堂300余所，教民28万人。

在农村，在社会的最底层，问："为什么信天主教？"回答说："相信人有灵魂，人来到世上有原罪，犯有本罪。只有天主才能拯救灵魂，才能使自己将来进入天堂，不至于使灵魂受罪。"这倒十分符合中国农民既实在又实用的人生哲学。记得一位伟人说过，中国农民没有固定信仰，他们只是在家人有病、老婆不育的时候才信神讲佛，一旦病好了，孩子生下来了，就把神和佛忘了。事实正是这样，中国人尤其中国农民敬神不信神，见庙就烧香，见神就磕头。虽然说不出子丑寅卯，但对己对人并无害处。这种现象的产生，不单单源于人们顺从的传统心态及人性本善的追求，也是长期极"左"政治桎梏一旦松绑后的反弹。其次，社会权力机构腐败横生，最底层民众有看法无办法，产生逆反心理，寻求心理慰藉，也是他们纷纷入教的一个重要原因。但是，中国农民敬畏、厚道、与人为善的心理，是千真万确的，我常常被教民们的慈悲、虔诚、友爱深深感动。

在家庭院落和后来的全部进入教堂做弥撒、告解和忏悔，已成为教民生活不可缺少的组成部分。婆媳不和、夫妻吵架、邻里怄气、孩子升学、老人生病，凡是遇到人生大计或与日常生活密切相关的事情，教民们都去教堂求神父做祷告，而神父也像中国寺庙的主持一样，有求必应。

1987年5月1日，我采访了中国天主教北方圣地跑窝教堂。

跑窝村是一个县界村，被秦岭深处流出的泥峪河隔在眉县境内，但跑窝教堂仍属河东的周至教区管辖。小小的跑窝村像婴儿般安详地躺在巍峨的群山怀抱中。适值阳春，四野一片绿油油的麦苗和黄澄澄的油菜花，加上一团团雪白的梨花、粉红的桃花，简直像锦缎一样飘浮在跑窝村的前后左右。春雨初歇，空气极为洁净，繁花的阵阵幽香扑鼻而来。悠扬的钟声一波冲击一波，最终消失在淡蓝色的远山丛中。遥望河的西边，林木间露出一座教堂的尖顶。

跑窝村及跑窝天主教堂曾经有过几度沧桑。最初这个村子不叫跑窝，只因地处秦岭北麓，古时人迹罕至，常有野豹出没，故称豹窝。据载，跑窝教堂初建于清康熙末年，当时有一位在罗马教廷攻读《圣经》的陕西汉中籍神父比约·刘，觉得中国信徒要千里迢迢去加尔瓦洛山朝圣，十分不便，就向教宗提议，在中国觅地建一座十字山圣地，获得教宗允诺。于是，他花了两年时间，沿着秦岭勘探地形，发现终南山下的豹窝地貌与加尔瓦洛山极其相似，便在这里建立教堂。按大主教规定，每年5月4日（寻获十字架瞻礼）和9月14日（光荣十字架瞻礼）为朝圣日。每逢圣日，邻近各县教民及广州、云南、四川、河北、山西和东北三省近两万教民都会不辞劳苦、风尘仆仆地前来朝圣礼拜。到了雍正年间，清廷下令禁教，许多神父和信徒都遭镇压，教堂被夷为平地。不过这只是天主教厄运的开始。到了1929年，适逢陕西大旱，土匪到处横行。重建后的教堂变成匪窝，军队用大炮轰击，欲为民除害，教堂基座和村子里因而留下累累炮坑，于是豹窝便被称为"炮窝"。时间久了，"炮"字被念写成"跑"字，炮窝村也就成了跑窝村。

1987年，只有70户人家200多人的跑窝村，再度集资自建了今日我们所看到的这座欧式教堂。同时，在教堂右边的山坡上还建了圣母堂。

跑窝教堂属于周至教区管辖，全教区约有教民10万人。每逢星期天，教民们迎着悠悠钟声来到教堂。待神父起身进场时，有半个足球场大小的教堂内已分男左女右跪满黑压压的信徒，中间留一条通道作为"楚河汉界"，以示男女有别。通道尽头的祭台边放着一口大缸，缸身上贴有"圣水"字样的红纸和十字标记。诗乐班由清一色的男教徒组成，他们跪在男班的最前头，手握笛、笙、锣、鼓、胡琴、唢呐、大号、单簧管吹奏着神曲。中西合璧的乐器奏出的《弥撒曲》出奇得浑厚和谐，只是偶尔会滑出一两声高亢的秦腔。神父身着五颜六色花边的白袍，头上顶着棕色带绒耳的棉帽，站在教民面前。虽然显得有点儿不伦不类，倒也自我沉浸在一种肃穆的气氛中。率众忏悔后，神父用拉丁调的秦腔朗诵经文。轮到答唱咏的时候，信徒们随着修女的风琴声，一板一眼地哼起颂词跟神父应和。最虔诚的是那些六七十岁的老妪们,她们双手合十,置于胸前,紧闭双目,神入境界,常常跪上1个多小时,纹丝不动。孩子们大概也被这肃穆的气氛感染,虽然有的跪着,有的坐着,有的躺在红砖铺成的地面上,但并不吵闹。

祭台的陈设呈现出浓厚的中国味道,祭台后墙上画着一幅巨大的耶稣受难像,两旁挂着对联。上联曰:"目立无形纯妙主",下联曰:"诞生有缘绝奇人",横批:"开通天国路"——也算是入乡随俗了。祭台下一尊被钉在十字架上的耶稣像与真人一般大小,造型生动,神情痛苦。一位老翁正抱着它的赤脚亲吻,不时有信徒把钱币投进十字架下的红色木制捐献箱内。

弥撒结束时,神父号召信徒往教堂后边的豹子山搬运砖瓦木料。教会决定在山上兴建"圣心堂"。每次做完弥撒,信徒们都要为圣心堂做一次无私的奉献。待我从教堂出来,只见信徒们已纷纷肩扛手提,盘绕在数百米长的山间小径上了。

任何外来事物要在中国落脚生存发展,就必须与中国实际相结合。天主教正是在多次传教失败的惨痛教训中,走出了一条现实主义的路子——尊重中国的伦理孝道,适应中国的传统文化。从多利伽开始,经奏请教皇批准,中国天主教被允许用汉语唱经,用中国民族乐器伴奏。中国教民甚至可以因地制宜，在家庭院落做弥撒、拜天主。这使他们突破物质条件的局限，获得最大限度的活动自由，从而使众多的农民接受并虔诚地信奉耶稣和圣玛利亚。而天主教的教义形式也逐渐浸透在中国农民的婚嫁丧葬及日常生活中，甚至改变了数千年的春节习俗。

春节是中国人最传统、最盛大、最隆重的节日。从腊月二十三祭灶直至来年正月十五近一个月的时间，是国人狂欢、喜庆的时刻。这时的关中农村，正是家家户户贴门神、挂楹联、放鞭炮、吃水饺、穿新衣、戴新帽、张灯结彩闹新年之际。然而，一旦入教接受洗礼，这千年习俗便被废黜了。入教的农户，春节与平日一样，不再过年。而教民的节日是圣诞节、复活节。有些教民抑或不忍完全与民族习俗决裂，抑或无法摆脱春节热闹气氛的诱惑，把传统的秦琼、敬德门神换成十字架贴在门户上，以求与整个村子节日气氛的协调。因春节正值农闲，教民无事可做，也参与俗民的春节活动。有些教民值此还惦念着主教、神父，于是串联起来，提着水果、点心，吹奏神曲，带着少儿表演队，前去教堂为主教、神父拜年或祝寿。在愉快的氛围里，主教神父与教民们一起度过中国式春节。

乡村农民教友的婚礼大都不在教堂举行，他们似乎还没有在教堂接受神父证婚和洗礼的习惯。他们的结婚仪式一般都在自己家中举行。由于来客较多，常常会在院落或村头空地搭起塑料彩条棚，棚中挂耶稣像，供奉十字架，两旁点燃红色蜡烛，新人婚礼就在大棚中举行。他们没有特殊的礼服，而是与俗民一样，男蓝女红，胸前斜挂丝绸被面。主持人指挥他们一拜天主，二拜高堂，再来夫妻对拜，宣读结婚证书，来宾、亲属讲话祝贺。随后大开筵席，大敬大让大吃大喝，直到红日西沉，月上枝头，婚宴才告大捷。

中国人薄养厚葬，这在天主教民中也得以显现，因此，其葬礼也就复杂、讲究得多。凤翔县北山一张姓教民去世，亲属们按照自己所理解的教规，在庭院中挂起一张花床单，床单上贴着耶稣像和十字架，下方摆一长条桌，桌上的空酒瓶插着点燃的蜡烛。这样下来，一个简陋而又肃穆的灵堂就搭好了。在灵堂旁砌有临时锅灶，请来的厨师与邻里帮忙的妇女们穿梭、忙碌在灵堂周围。直系亲友一律身着白衣孝服，甚至连鞋面也缝一层白布。近邻与好友只要穿件白色外衣即可，有的干脆穿件医生的白大褂以替代孝服。主持仪式的神父首先念有关经文，为死者亡灵做祷告。死者若是出自乡里村上有影响、有地位、有实力的人家，甚至可以请来主教为其做弥撒。若神父、主教出动，根据不同情况，教民都会给他们百十不等的费用及土特产品。

在这里，天主教丧礼也讲究守灵，孝子贤孙跪守一旁，24小时灯火不灭。吹手根据主人点谱，认真地吹奏曲调低沉、节奏缓慢的乐曲，上了年纪的人则喜欢吹手们演奏高亢激越的秦腔。

掩埋张老汉是在一个晴朗的早晨。黎明时分，神父起床，来到灵堂。此时，亲属和村里的教民早已跪在灵堂的耶稣像前，神父开始讲经。经文大致是总结人生、祈祷来世的内容。神父讲经期间，不时伴有众人的随唱。灵堂对面的锅灶上已热气腾腾。在神父宣讲经文时，厨师们也跪下来，双手合十，随吟随唱。大约1个多小时冗长繁杂的弥撒结束后，众人进餐。

当诗乐班的合奏激荡起雄浑的乐曲时，抬张老汉灵柩的队伍一字排开，孝子开路，神父居前，亲友随从夹在中间，在蟒纸、幡旗、花圈的引领下浩浩荡荡地向前走去，仿佛一条游荡不定的长龙离开张老汉居住了一世的村庄，走向坟地。灵柩入土前，仍由神父念经并洒圣水，诗乐班不时吹奏着或低沉或肃穆或抒情的曲调。其实大多是些流行歌曲，而吹奏最多的是风靡一时的《铁窗泪》。当一个立着十字架的新坟堆起来时，人们四散着回村，葬礼宣告结束。

土地承包后，农民有了充足的空闲时间，尤其是在北方某些地区，商品经济不甚发达，这为天主教的传播提供了有利的条件。中国农民大都处于物资短缺、文化水平较低的原野山区，文化活动的匮乏使他们对一般的集会十分渴望与重视。每逢教堂落成或教会盛典，各教区都组织教民自带诗乐班和祝词贺礼，或乘车或步行，风尘仆仆前去热闹一番。他们每人都会获得一张免费餐票，教事完毕，凭票享用烩菜、馒头，饱食一顿。成千上万人参与的盛大活动，要保证人人吃饱，教会常常需要十天半月的准备。就餐的地方，一般选在邻近的学校或村边的旷野。临时垒起的土灶一字排开，每个灶上都安上一口直径1米多的大锅，那是名副其实的大锅饭。

1999年4月，西安教区围棋寨教堂举行盛大落成典礼，方圆数十里几个教区和村落的教民有组织地前去庆贺。因来人太多，只好在教堂外另搭设主席台。上午10时，在庄重的弥撒曲中，盛典开始。各教会的教民高举幡旗，由自己的社火队领路，顺序通过主席台，接受主教、神父等神职人员及当地行政干部的检阅。游行长达4个小时，直到下午2时左右才告结束。走得又渴又累的教民们，被安排在一所小学操场上用餐休息，然后各自返回。

从玛雅格时代开始，天主教的传播者就悟出一个道理：在异国行事，必须高度注重该国的传统文化，必须使自己从事的事业适应当事国社会的整体要求和人民群众的风俗习惯，即所谓"先适应生存，再谋求发展"。尽管天主教在中国传播的千余年间几经挫折，但最终得以生存和延续，最重要的就是能够与时俱进，不断修正、调整自己，使之成为"中国天主教"。

生我养我的关中大地最显著的特点是有帝王陵墓和宗教寺庙，帝陵埋在地下，寺庙建在地上。地下的陵墓与地上的寺庙组成传统的民族文化，孕育着这块古老的黄土地。

打造佛像（宝鸡县）1990年摄

唐大雁塔（西安市）2008 年摄

① 虔诚的居士（西安市）1996年摄

② 藏传佛教（西安市）1996年摄

③ 烧高香的信民（西安市）1997年摄

①	②

① 法门寺塔倒塌（扶风县）1984 年摄

② 法门寺合十舍利塔（扶风县）2009 年摄

① 做法事的僧人（扶风县）2009年摄

② 法门寺和尚恭迎佛祖舍利（扶风县）2009年摄

③ 众信徒跪拜迎舍利（扶风县）2009年摄

做法事的僧人（扶风县）2009年摄

雨中打伞的僧人(扶风县)2009年摄

① 擂鼓做法事（扶风县）2009年摄

② 信众雨中拜舍利（扶风县）2009年摄

做法事的道士（周至县）1992年摄

耕地种粮的道士(周至县)1992年摄

① 开斋节时西安坊上回民做祈祷（西安市）1990年摄

② 喜迎开斋节（西安市）1990年摄

③ 礼拜（西安市）2010年摄

信天主教的农民

一位伟人曾说过：中国农民没有固定信仰，有的只是非常实用的生存理念。虽然基督徒阿罗本远在隋唐时就把该教传入当时的中国长安，虽然西方传教士们呕心沥血、前赴后继地传教布道，但是，关中教民们却始终保持着自己入教不信教的涣散与自由。然而，他们毕竟形式上接受了教规，祭奉了基督，于是带来关中农民日常生活及习俗的变化。我第一次见到教民集体吟唱《圣经》是在 1978 年，也就从那时起，我开始关注教民的生产和生活，并用摄影机系统地记录了这些虽然日常却又非同一般的镜头。我看到在教民的村落、居室、门窗等环境中无处不在的教堂、十字架、基督像和《圣经》；我看到教民在婚礼、丧葬及日常活动中都会祈祷、告解；与此同时，我更看到教民的所有活动，都无法摆脱中国传统文化、礼仪和习俗的影响与制约。

① 在家中做弥撒（眉县）1986 年摄

② 天主教徒朝拜十字山（眉县）1992 年摄

① 做弥撒（户县）2012 年摄

② 告解（户县）2012 年摄

③ 由中西乐器合成的诗乐班走街串巷祝福春节（凤翔县）1986 年摄

① 文革后，最早由教民集资修建的跑窝教堂（眉县）1987年摄

② 虔诚的吻（周至县）1987年摄

③ 教民的婚礼除了拜十字架外，其他与农家婚礼仪式大致相同（凤翔县）1987年摄

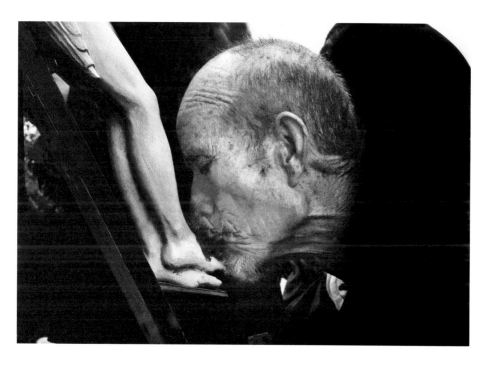

① 教民在自家院落里进行祈祷活动（凤翔县）1988 年摄

② 在炕头做弥撒（岐山县）1989 年摄

③ 礼拜之后（眉县）1990 年摄

① 教民把传统的"门神"换成十字架贴在门上,并配写楹联(凤翔县)1994 摄

② 在安葬已故主教的仪式上,一位俗民女子经过修女队列(凤翔县)1995 年摄

③ 朝圣途中(眉县)1996 年摄

① 教民家中"过事",开筵前会请神父做祈祷(凤翔县)1996年摄

② 曾经的大队部的墙上绘有耶稣遇难图(兴平市)1997年摄

③ 平安夜教民集体诵经(宝鸡市)1997年摄

① 亲人去世，教民仍然披麻戴孝、守灵、唱大戏（凤翔县）1998年摄

② 农忙季节，教民很少想到基督（兴平市）1998年摄

③ 冬天闲暇时，神职人员组织教民诵经（定边县）2002年摄

十字架前欢快的孩子（户县）2003 年摄

后　记

　　摄影对我只是工具，激励我活着的工具。我不为摄影而活，但我活着必须摄影。用摄影记录生活、解读人生、认知社会，是我逐渐形成的摄影观。30多年过去了，偶尔翻阅20世纪60年代中期初学摄影时拍的照片，我发现其中就蕴含着这种观念的因子。我曾经幻想着摄影能成为实现艺术追求的目标，但很快，理想连同移栽过来的信仰一起破灭了。饥饿的烙印与文化专制的创伤，使我只能脚踏实地回到民间俗人中去，以平民意识关注普通百姓的生活，用纪实手法展现关中八百里风情。我从不自觉到自觉地走上这样一条摄影之路。

　　藏着的关中，作为一种客观存在，它首先藏在民间，藏在我这些以平民意识与纪实手法拍摄的照片中。为拍这些照片，我付出了数十年的努力。无论春夏还是秋冬，抑或年节，我放弃了与家人团聚，无暇顾及年迈的父母。尽管他们不懂摄影，但他们凭一种亲情坚信我在做正事，给予我充分的理解与支持。而那些长期以摄影权威自居的所谓"革命理论家"，却给关注平民生活及其生存状态的摄影者冠以"土、老、破、旧"的帽子。斗转星移，时至今日，"土、老、破、旧"的照片终于显现出其深刻的历史与文化意义，更重要的是，它们再不可重生了。

在一个作秀、作美的流俗时代，我恪守平凡与拙朴、自然与寻常。在我眼中，关中人用世代文化承传的每个天日填塞着岁月的纵深。面对他们，先记录下来是最重要的。而以往的历史之眼，有谁正视过他们？摄影就是摄影，简洁直录才能使之生根在自己的本体上。

关中文明的盛衰起伏，是秦人生命长河中翻滚的波澜。瞬间的流变，都体现着种群血性、命运轨迹和文化传承。因此，回到民间，贴近了普通人生活的烦琐，也就贴近了真实，贴近了国情。记录下凡人俗事这一个个从未进入大雅之堂的瞬间，必将为摄影注入生活的厚重，为历史增添现实的鲜活，为读者提供一些看后的静思。

《藏着的关中》中的这些老照片最早的摄于1971年，最晚的摄于2014年，时间间隔为43年。经过时间与岁月的洗礼，这些照片都经受住了考验，每一个瞬间都与被历史遗忘太久的普通关中人的命运与遭际相关，与他们的生存状态及生存方式相关，与他们的习性及愿望相关。总之，与数千年间关中人断续重生的文化血脉相关。

不是说如今是读图时代吗？"读"字由"言"和"卖"合成，有言卖出才有读，可见言与读自古就是一种交易关系。信息与知识也是商品，是有价值的，因此，才被自觉互换。言不仅能换来阅读与传播，还能换物、换权、换地位。这说明言是分类的、分功能的。影像也一样，无论面对哪种类别与功能的影像，既不能强制人读，也不能强制人不读，读图应是一种相互的自愿行为。

本书出版之际，我要感谢关中的父老乡亲！同时感谢西北大学出版社及薛保勤、马来先生对本书再版所付出的努力，感谢编辑和所有为此书付出辛勤劳动的朋友与同事。就在夜以继日整理编辑书稿期间，久病不起的母亲于2013年6月2日离我而去。谨以此书献给我的母亲，以表我未尽的孝心，慰藉她的在天之灵。

胡武功
2014年6月28日

图书在版编目(CIP)数据

藏着的关中. 秦地国风 / 胡武功著. —西安：西北大学出版社，2014.7
ISBN 978-7-5604-3417-9

Ⅰ.①藏… Ⅱ.①胡… Ⅲ.①陕西省—概况②风俗习惯—陕西省 Ⅳ.①K924.1 ② K892.441

中国版本图书馆 CIP 数据核字(2014)第 163330 号

藏着的关中——秦地国风

胡武功 著

西北大学出版社出版发行

(西北大学内　邮编：710069　电话：88302621　88302590)
http://nwupress.nwu.edu.cn　E-mail: xdpress@nwu.edu.cn

新华书店经销　西安奇良海德印刷有限公司印刷
开本：787毫米×1092毫米　1/16　印张：12.5

2014年7月第1版　2014年7月第1次印刷
字数：87千字

ISBN 978-7-5604-3417-9　　定价：56.00元